SHIBA INU

Lucian Stan

Cuprins

Lista de figuri

Introducere

Căţeluşul drăgălaş din Japonia se strecoară în inima aproape tuturor - Shiba Inu. Alături de reprezentanţii săi japonezi la fel de blânzi şi frumoşi din lumea câinilor, este cea mai mică dintre rasele tradiţionale. Mai ales datorită dimensiunii sale de maxim 40 de centimetri, se bucură de o popularitate deosebită atât la oraş, cât şi la ţară şi asta mult dincolo de Japonia. Deşi sunt atât de mici, Shiba Inus par foarte maiestuoşi datorită construcţiei lor musculoase şi este greu de imaginat social media fără ei.

Dar aceste animale frumoase sunt, de asemenea, o rasă de câini unică în felul lor. În ţara lor de origine, Japonia, au păstrat multe din strămoşii lor lupi în munţii reci, care se regăsesc şi astăzi în ei. Acest lucru îi face să fie companionii perfecţi pentru persoanele active, sportive şi iubitoare de natură. Cu toate acestea, acest lucru înseamnă, de asemenea, că aceşti câini de talie mică au o voinţă proprie puternică şi afişează întotdeauna o anumită independenţă.

Pe lângă faptul că este inodor şi foarte curat, Shiba Inu are o blană stufoasă şi colorată care atrage toate privirile. Cu toate acestea, el rămâne o provocare, chiar şi pentru stăpânii de câini şi dresorii experimentaţi, şi adesea nu sunt recomandaţi pentru începători. Înainte de a trânti din nou cartea cu dezamăgire - totul este o chestiune de bază şi educaţie corectă. Pentru începători, acest lucru poate fi puţin mai dificil. Dar poate fi totuşi stăpânită.

Cu toate acestea, nu se poate nega - Shiba Inu se află într-o clasă aparte! Prin urmare, acest ghid vă va oferi cele mai importante puncte referitoare la traiul cu un Shiba Inu. Printre altele, vor fi abordate următoarele aspecte:

- Dezvoltarea Shiba Inu ş i originea sa
- Trăsături de caracter, trăsături de rasă ş i comportament
- Creş terea unui Shiba Inu, de asemenea, cu sfaturi de bază pentru formarea comenzilor pentru începători.
- Creş terea ş i îngrijirea optimă a blănii
- Totul despre căţ eluş : de la un bun crescător, la impozitarea ş i vaccinarea câinilor, la ş coala de căţ ei ş i socializare.
- Nutriţ ia unui Shiba Inu ş i principiul de hrănire BARF pentru începători

Astfel, acest ghid nu este destinat doar iubitorilor de câini cu experienţ ă, ci ş i începătorilor, în cel mai bun mod posibil ş i oferă cel mai bun sprijin.

Origine ș i context

Shiba este o rasă de câine tradiț ional japonez. Creș te până la 40 de centimetri înălț ime ș i seamănă cu o vulpe mică prin culorile blănii ș i capul îngust. Numele este compus din două kanji japoneze, care împreună formează numele tradiț ional Shiba Inu: 柴犬.

柴 **Shiba** nu are o semnificaț ie fixă în acest context, dar există mai multe teorii despre originea sa în legătură cu rasa de câini. Pe de o parte, este posibil ca acesta să fie derivat din japonezul 柴赤 - **shiba-aka**. Acesta este numele unei culori maro-roș iatice asociate adesea cu blana lui Shiba Inu. Cu toate acestea, o asociere cu localitatea 柴村 - **Shiba-mura** din regiunea japoneză Nagano ar fi, de asemenea, o posibilă explicaț ie. Nu în ultimul rând, ar putea de asemenea să provină din japoneza tradiț ională ș i să reprezinte pur ș i simplu 柴 - **shiba, ceea ce** înseamnă ceva mic, precum un câine mic. Deoarece Shiba Inu este cea mai mică dintre rasele tradiț ionale de câini japonezi, această explicaț ie este foarte evidentă.

犬 **Inu în** sistemul de scriere japonez înseamnă pur ș i simplu câine. Din acest motiv, aproape toate rasele tradiț ionale de câini japonezi au un Inu ataș at la numele lor.

Primele înregistrări din anul 300 î.Hr. dovedesc că micul prieten cu patru picioare exista deja la acea vreme. Este originar din regiunile muntoase ale Japoniei, dar se găseș te ș i la marea din apropiere. În trecut, Shiba Inus era folosit în special pentru a vâna păsări sau animale sălbatice mici. Datorită construcț iei lor zvelte, câinii au o uș urinț ă graț ioasă a piciorului ș i se pot strecura cu uș urinț ă departe de vânat. La începutul secolului XX, însă, populaț ia de câini a fost decimată semnificativ, iar rasa aproape a dispărut. Din cauza raidurilor de bombardament, multe dintre animale au contractat bolii de Carré, care este fatală dacă nu este tratată. Carnea de câine este o boală virală care poate afecta ș i pisicile sau urș ii mici. Febra mare ș i afectarea gravă a sistemului nervos sunt consecinț ele. După ce s-a observat dispariț ia masivă a rasei, ț ara Japoniei a început în 1928 să reproducă o rasă stabilă din animalele rămase. În 1937, Shiba a fost declarată monument natural japonez.

În ciuda dimensiunilor sale relativ mici, Shiba Inu este un companion excelent ș i loial. Este foarte vioi, perceptiv ș i inteligent. De-a lungul anilor, câinele s-a dovedit a fi un excelent câine de pază, dar ș i un câine de familie. Un Shiba Inu bine dresat nu reprezintă, în consecinț ă, un pericol pentru copii sau pentru ceilalț i membri ai familiei, ci o îmbogăț ire din toate punctele de vedere. Odată ce v-aț i afirmat ca ș ef de haită, puteț i conta pe loialitatea câinelui dumneavoastră. Cu o minte ș i un temperament proprii, este un câine foarte independent. La fel ca toate rasele de câini japonezi, descendenț a genetică a lui Shiba faț ă de lup este foarte apropiată. Dar ș i vulpea poate fi recunoscută aici, mai ales dacă este un animal cu o blană mai degrabă roș iatică sau portocalie, acest lucru este mai vizibil.

Astăzi, câinele de rasă poate fi găsit în toată lumea, dar este încă unul dintre cei mai populari câini din Japonia. Cu toate acestea, poate fi găsit deosebit de des în America ș i Europa. Răspândirea fotografiilor pe reț elele de socializare, cum ar fi Instagram, i-a dat un impuls suplimentar simpaticului prieten cu patru picioare în ultimii ani. Cu toate acestea, ei sunt încă folosiț i în mod tradiț ional pentru a vâna păsări ș i vânat. Cu toate acestea, s-a adaptat foarte bine ș i la viaț a de oraș .

Caracter

Shiba Inus sunt animale mici ş i curajoase. Sunt pline de mândrie ş i de voinţ ă proprie. Ar trebui să fiţ i conş tienţ i de acest lucru înainte de a vă decide asupra unui astfel de animal. Prietenul cu patru picioare are un comportament pronunţ at de haită ş i se va apăra singur dacă liderul haitei nu o face. Aş a că îi place să încerce să preia dominaţ ia ş i îş i provoacă oamenii din nou ş i din nou. Chiar dacă poate fi foarte jucăuş ş i afectuos cu confidenţ ii săi, va trebui să câş tige mai întâi acest statut. Odată ce aţ i obţ inut acest lucru, Shiba este un bun câine de pază ş i de supraveghere. El vă va anunţ a imediat dacă un străin se află în zona haitei sale. În rest, este un câine care latră foarte puţ in.

Shiba Inus sunt câini foarte inteligenţ i ş i jucăuş i încă de la început. Au o inteligenţ ă ridicată ş i sunt foarte independenţ i. Din când în când sunt numiţ i cu afecţ iune pisicile dintre câini, deoarece se abat foarte mult de la imaginea de câine pe care o au majoritatea oamenilor. Shiba Inu în sine are un comportament foarte dominant pe care îl va folosi împotriva ta din nou ş i din nou. Dacă nu deţ ineţ i controlul asupra fiecărei situaţ ii, el îş i va asuma singur responsabilitatea. În special masculii pot cauza unele probleme în timpul socializării ş i vor exista lupte pentru putere.

Aş a cum am menţ ionat deja, Shiba Inu este un excelent câine de pază. El este foarte atent la casa sa. În acelaş i timp, el nu numai că ar vrea să vă protejeze împotriva unui pericol în caz de îndoială, dar este ş i sceptic faţ ă de străini în general. Acest lucru nu înseamnă deloc că reacţ ionează la străini cu un comportament agresiv, dar scepticismul faţ ă de oamenii noi rămâne. În acelaş i timp, el are un simţ foarte fin al ameninţ ării ş i ş tie ce persoane reprezintă un pericol. De asemenea, nu trebuie să vă faceţ i griji în ceea ce priveş te relaţ ia sa cu propria familie. Per total, Shibas sunt câini prietenoş i cu familia care se înţ eleg foarte bine ş i cu copiii. Comportamentul Shiba Inu-ului dumneavoastră faţă de un copil se bazează adesea pe educaţia sa. Dacă plănuiţi o gospodărie cu un câine şi un copil, ar trebui să acordaţi o atenţie deosebită comenzilor de şedere, de exemplu.

Cu toate acestea, Shiba este sceptic faţă de alte animale care locuiesc în casă. În general, acest câine este mai degrabă un singuratic căruia îi place să aibă casa doar pentru el. Cu toate acestea, dacă animalele sunt obişnuite între ele de la o vârstă fragedă, Shiba este capabil şi de o convieţuire afectuoasă sau Shiba învaţă să îşi tolereze colegii de casă. Cea mai mare problemă în acest caz este reprezentată de instinctele de vânătoare ale câinelui. El percepe animalele mai mici, cum ar fi pisicile, dar şi alte rase de câini ca fiind pradă. Într-un parc pentru câini sau la întâlniri canine, însă, Shiba se poate înţelege de minune cu alţi câini fără restricţii. Aici, însă, comportamentul animalului se schimbă uneori după aproximativ cinci ani. Dacă acesta este cazul, evitaţi după aceea, dacă este posibil, alţi câini. Acest lucru nu trebuie să vă îngrijoreze, însă, pentru că şi câinele dvs. îşi doreşte acest lucru. Shibas sunt oricum animale mai degrabă solitare, aşa că respectaţi astfel de decizii.

Aprins de instinctul de vânătoare încă păstrat, acest amestec este unic şi are nevoie de un proprietar care să se potrivească cu el. Din cauza trăsăturilor de caracter pe care tocmai le-am menţionat, Shiba este, prin urmare, adesea nerecomandat proprietarilor de câini începători. S-ar putea descrie natura acestui câine ca fiind încrezătoare în sine, dar calmă. Are o carismă foarte puternică şi individuală şi o personalitate căreia trebuie să i se acorde spaţiu. Un câine cu o astfel de încredere în sine poate trece cu uşurinţă peste capul unui stăpân neexperimentat şi poate deveni copleşitor. Consecvenţa şi strricteţea de care are nevoie educaţia acestui animal lipsesc încă, chiar şi în unele cazuri, proprietarilor mai experimentaţi. Cu toate acestea, acest lucru nu înseamnă că nu vă veţi putea descurca cu un Shiba. Cu această natură încăpăţânată, este imperativ să găsiţi un echilibru sănătos cu câinele dumneavoastră. În cel mai bun caz, acesta constă într-o educaţie strictă şi plină de dragoste, cu ajutorul căreia dobândiţi o autoritate naturală.

Cu toate acestea, cu un dresaj corect, printr-o mână strictă ş i iubitoare, veţ i dezvolta o relaţ ie foarte intimă ş i intensă cu câinele dumneavoastră, care va dura mult timp.

Caracteristicile rasei

Cu toate acestea, să începem mai întâi cu caracteristicile rasei Shiba Inu. Aceste caracteristici ale rasei sunt înregistrate ş i publicate de către "Fédération Cynologique Internationale", pe scurt FCI. Aceasta este cea mai mare organizaţ ie cinologică umbrelă din lume, cu crescători ş i cluburi canine din întreaga lume. Standardele de rasă pentru câinii de rasă publicate aici se aplică în toate ţ ările membre.

Rubrica FCI referitoare la rasa de câini Shiba Inu conţ ine informaţ ii scurte ş i concise. Shiba este o rasă recunoscută din 18.03.1964. Standardul valabil în prezent al acestui document există din octombrie 2016.

Clasificarea spune următoarele:
Grupa 5 - Spitz ş i câini de tip primitiv
Secţ iunea 5 - Spitz asiatic ş i rase înrudite fără test de lucru

Originea acestei rase de câini se află în Japonia. Utilizarea iniţ ială este ca ş i câine de vânătoare pentru vânat mic ş i păsări, dar ş i ca ş i câine de companie.

Mărimea Shiba Inusului variază uş or între masculi ş i femele. Înălţ imea specificată la greabăn este de 39,5 cm pentru masculi ş i de 36,5 cm pentru femele. Cu toate acestea, este tolerată o toleranţ ă de 1,5 cm în ambele direcţ ii.

Înfăţişare: Shiba Inu este un câine mic şi bine proporţionat. Aspectul puternic rezultă din muşchii săi pronunţaţi şi din structura osoasă robustă. Mişcările animalului sunt foarte vioaie şi libere.

Capul: Craniul lui Shiba Inu oferă o frunte largă. Stopurile sunt distincte şi au un şanţ uşor proeminent.

Craniul facial: Nasul este negru şi are o punte nazală dreaptă. Botul este moderat, iar buzele sunt strânse. Maxilarul conţine dinţi puternici, care sunt dispuşi într-o muşcătură în foarfecă. Obrajii câinelui sunt bine dezvoltaţi.

Ochii sunt triunghiulari şi relativ mici, dar nu prea mici în proporţie. Colţurile exterioare ale ochilor sunt discret ridicate. Culoarea ochilor este de la maro închis la negru.

Urechile, însă, sunt relativ mici şi triunghiulare. Per total, urechile de prăsilă erectă sunt uşor înclinate în faţă.

Gâtul, pe de altă parte, este foarte puternic şi pare puţin gros, dar bine proporţionat în comparaţie cu capul şi corpul.

Corpul: Spatele este foarte drept şi puternic, în timp ce şalele sunt late şi musculoase. Pieptul este relativ adânc, iar coastele sunt moderat arcuite. Profilul inferior şi burta sunt uşor retrase în sus. Coada este aşezată sus, este groasă şi, de cele mai multe ori, bine încovoiată sau purtată în formă de seceră. Cu toate acestea, dacă coada ar trebui să atârne vreodată, ea ajunge aproape până la jarete.

Mersul lui Shibas poate fi descris ca fiind uşor şi agil.

Dar, pe lângă dimensiunea sa delicată, Shiba se distinge şi prin granulaţia blănii sale. Blana exterioară propriu-zisă este tare şi dreaptă, în timp ce părul inferior este foarte moale şi dens. Acest lucru face ca acest câine să fie foarte adaptabil la diferite condiţii meteorologice. Culorile de blană ale acestei rase sunt roşu, negru-cenuşiu, susan, negru-sesan şi roşu-sesan.

Culoarea susan este definită ca fiind un amestec echilibrat şi bun de păr negru, roşu şi alb în cadrul blănii. Astfel, sesamul negru are ca rezultat o proporţie mai mare de păr negru decât de păr alb, în timp ce sesamul roşu înseamnă o culoare de bază roşiatică amestecată cu păr negru.

Cu toate acestea, toate culorile enumerate trebuie să includă ş i "Urajiro". Acest lucru înseamnă că zone izolate ale blănii trebuie să aibă păr albicios, inclusiv botul lateral ş i zonele de pe gât, piept ş i burtă. Cu toate acestea, partea inferioară a cozii ş i partea interioară a membrelor sunt, de asemenea, afectate.

Desigur, pot exista ş i greş eli de reproducere, care pot duce la animale cu caracteristici uş or diferite. Cu toate acestea, înainte de a cumpăra, ar trebui să verificaţ i în ce măsură aceste defecte pot afecta viaţ a animalului ş i sănătatea acestuia. Cu toate acestea, aceste defecte ar trebui să fie luate în considerare în principal dacă doriţ i să obţ ineţ i unul sau mai mulţ i Shiba Inus pentru reproducere.

Mai jos veţ i găsi o prezentare generală a posibilelor greş eli de reproducere:

Eroare	greş eli descalificatoare
lipsa de exprimare a genului	Agresivitate ş i excesivă
muş cătură uş oară înainte ş i înapoi	Frica
	anomalie fizică
Număr mare de dinţ i lipsă	Tulburări comportamentale
Anxietate	muş cătură puternică înainte ş i înapoi,
	Urechi care nu stau în picioare
Culori Pied	Tijă suspendată sau scurtă

La ce ar trebui să se acorde atenţ ie atunci când Shiba Inu trăieş te împreună cu copiii?

În cazul în care în gospodărie locuiesc încă copii foarte mici, trebuie să vă asiguraţ i că aceş tia nu sunt prea duri cu micul căţ eluş . L-ar putea răni accidental. Acest lucru se datorează faptului că micul câine are o structură corporală delicată ş i nu este la fel de puternic ca unii dintre colegii săi. Bineînţ eles, ş i adulţ ii trebuie să fie atenţ i să nu-l rănească. Bineînţ eles, este de asemenea important ca - ca ş i în cazul oricărui alt câine - copiii ş i câinii să nu fie niciodată singuri împreună.

Bebeluşii şi copiii mici, în special, nu ar trebui să fie niciodată cu un câine, inclusiv cu micul Inu, fără supravegherea unui adult. Chiar dacă este drăgălaş şi jucăuş, el este totuşi un câine care poate muşca. Copiii nu sunt încă capabili să înţeleagă sau să interpreteze corect semnalele de avertizare ale animalului. Mai mult, câinele se poate aşeza accidental pe bebeluş sau pe copil.

Figura 1: Shiba Inu

Shiba Inu căț eluș i

Înainte ca un nou membru pufos al familiei să se mute în casa dvs., ca ș i în cazul oricărei achiziț ii de animale de companie, sunt necesare unele pregătiri ș i informaț ii. Desigur, nevoile animalelor se schimbă pe parcursul vieț ii lor ș i este posibil să fie nevoie să vă reînnoiț i ș i să vă extindeț i echipamentul existent. În acest capitol veț i găsi toate informaț iile de care aveț i nevoie pentru a cumpăra un căț eluș Shiba.

În primul rând, însă, ar trebui să fie subliniat încă o dată în acest moment: Shiba Inu nu este neapărat un câine pentru începători, cel puț in aș a spun mulț i proprietari ș i crescători de câini cu experienț ă. Micuț ii japonezi sunt adevăraț i câini încăpăț ânaț i ș i au nevoie de o mână strictă, dar calmă, care să poată aduce comportamentul câinelui sub control. Shibas sunt foarte inteligenț i, ș tiu să-ș i conducă singuri ș i vor prelua situaț ia în caz de îndoială dacă observaț i că nu se dă un control 100% ferm. În special începătorii în materie de câini se pot simț i rapid copleș iț i de acest lucru ș i astfel pot face greș eli neintenț ionate. Un dresaj inconsecvent poate pune cu uș urinț ă o bază falsă care este dificil de dezobiș nuit.

În plus, Shiba are un comportament mai asemănător cu cel al pisicilor decât cu cel al altor tipuri de câini. În consecinț ă, cu acest frumos animal s-ar putea să nu obț ineț i ceea ce vă aș teptaț i de la un câine, deoarece nu este cunoscut nici pentru a aduce mingi, nici pentru supunerea ș i dragostea necondiț ionată faț ă de omul său.

Desigur, acest lucru nu înseamnă că un începător va avea o experienț ă proastă cu această rasă. Cu toate acestea, ar trebui să ț ineț i cont de punctele menț ionate mai sus înainte de a vă decide să cumpăraț i un astfel de animal. Chiar dacă un animal este "doar" un companion de viaț ă pentru dumneavoastră, sunteț i tot ce are pentru toată durata de viaț ă a animalului.

Cumpărați un Shiba

Dacă doriți să cumpărați un Shiba Inu, ar trebui să vă rezervați în prealabil un buget financiar de aproximativ 4.000 de euro pentru a fi pregătiți pentru orice problemă care ar putea apărea.

Puteți bugeta între 800 și 2.000 de euro pentru achiziționarea unui cățeluș Shiba. Este deosebit de important să acordați atenție crescătorilor de câini. Ar trebui luați în considerare doar crescătorii certificați sau persoane private cu experiență. Aceasta nu este doar o chestiune de bani, ci înseamnă și că puii provin din gospodării care nu sunt concepute pentru creșterea în masă sau altele similare. Asigurați-vă că crescătorul poate dovedi un pedigree al liniei de sânge. În funcție de faptul dacă există câini excelenți în acest pedigree, prețul poate varia din nou în sus. Cel mai important lucru, însă, este ca în istoricul familiei să nu existe boli ereditare care ar putea afecta câinele dumneavoastră.

La un crescător bun, puteți vizita părinții și îi puteți examina înainte de a cumpăra. Acest lucru vă poate ajuta, de asemenea, să vă decideți asupra unui crescător. Acordați atenție dacă părinții au un comportament calm și par bine echilibrați. Un defect de mers la animale poate oferi, de asemenea, informații despre faptul că boli, cum ar fi displazia de șold, au fost poate ascunse în istoricul familiei. De asemenea, acordați atenție caracteristicilor de rasă menționate și culorilor de blană ale părinților. Pentru binele dvs. și al noului dvs. pui adoptiv, ar trebui mai degrabă să așteptați un crescător potrivit care să vă convingă pe deplin și să vă îndeplinească toate cerințele.

După ce ați cumpărat cățelușul, acesta a primit deja, de obicei, primul vaccin și tratamentul de dezinsecție de la un crescător bun și de încredere. De asemenea, crescătorul va implanta, de obicei, cipul înainte de predarea cățelului. Desigur, acest lucru poate varia în funcție de aranjamente. Cu toate acestea, ar trebui să vizitați din nou un veterinar pentru al doilea vaccin în primele trei-patru săptămâni, astfel încât câinele dumneavoastră să aibă în el o protecție eficientă și activată împotriva bolilor.

Cu toate acestea, pe lângă costurile pentru câinele în sine, există ş i alte costuri. Acestea includ, desigur, un coş sau alte spaţ ii de dormit pentru Shiba. Echipamentul poate costa câteva sute de euro în total, în funcţ ie de ceea ce aţ i dori să aveţ i dumneavoastră.

Un ham pentru căţ ei care se potriveş te perfect este deosebit de important pentru căţ ei. Cu toate acestea, modelele normale pentru câini de talie mică ş i medie sunt, de asemenea, potrivite în acest caz. Asiguraţ i-vă că hamul are curelele cele mai largi posibile, care nu pot tăia animalul nici măcar sub tensiune sau presiune. Cu toate acestea, un ham care este prea larg nu este, de asemenea, o alegere bună, deoarece chiar dacă câinele încă mai creş te în el, acesta poate aluneca sau se poate desprinde într-un moment de neatenţ ie. O lesă lungă este, de asemenea, recomandată. În acest fel, Shiba Inu îş i poate urma impulsul de a se miş ca după bunul plac, fără să vă faceţ i griji că câinele dvs. va fugi.

Nu în ultimul rând, ar trebui să încheiaţ i o asigurare de răspundere civilă pentru căţ elul dumneavoastră , care, din nou, implică costuri anuale cuprinse între 50 ş i 110 euro, în funcţ ie de furnizorul de asigurări ales. În plus, , câinele dumneavoastră trebuie să fie înregistrat în municipalitatea dumneavoastră , ceea ce costă între 20 ş i 100 de euro pe an. Costul exact depinde întotdeauna de puritatea rasei ş i de reglementările municipalităţ ii dumneavoastră.

Dacă doriţ i să vă luaţ i câinele cu dvs. în vacanţ ă, veţ i avea nevoie de un paş aport UE suplimentar pentru animalul dvs. de companie, precum ş i de vaccinurile specifice fiecărei ţ ări pe care trebuie să le efectuaţ i în prealabil.

Viaţ a cu un căţ eluş Shiba

Shiba Inus are un caracter puternic încă de când este căţ eluş . Chiar dacă micile mănunchiuri de blană arată foarte drăguţ ş i impresionează prin neîndemânarea lor afectuoasă, nu trebuie să vă lăsaţ i înduioş aţ i de acest lucru. Mai ales în primele săptămâni, legătura dintre dvs. ş i noul membru al familiei dvs. este deosebit de importantă. Puneţ i împreună bazele viitorului cu multă odihnă, timp ş i joacă pronunţ ată. Aici accentul se pune în special pe obedienţ a câinelui dumneavoastră, deoarece trebuie să începeţ i imediat cu o educaţ ie strictă, dar plină de dragoste. Mai ales în perioada de căţ eluş , multor stăpâni de câini le place să îi lase pe cei mici să scape de ceva, dar Shibas au o memorie excepţ ional de bună. Într-o etapă ulterioară a vieţ ii lor, îş i vor aminti ş i apoi vor ignora pur ş i simplu orice reguli care prevalează. Chiar dacă poate fi dificil, educaţ ia începe de aici ş i trebuie să rămâneţ i puternici. Mai ales în primele săptămâni, Shibas nu le place să fie lăsaţ i singuri. Ei au nevoie de coeziune familială.

Totuş i, în sine, căţ eii Shiba provoacă puţ ine probleme ş i sunt foarte uş or de îngrijit. Datorită mirosului lor inerent abia existent, nu prea atrag atenţ ia asupra lor nici măcar după o baie sau după ce se joacă în apă. De asemenea, ajută aici ş i curăţ enia lor predominantă în mod natural , care ar putea fi comparată cu cea a unei pisici. De obicei, îş i stăpânesc singuri controlul vezicii urinare în decurs de două până la patru săptămâni. Deoarece Shibas nu ş i-ar face niciodată nevoile în apropierea propriului loc de hrană sau de hrănire, nu există pericolul de a trece cu vederea ceva în bolul cu apă, de exemplu.

Dar chiar ş i căţ eii Shiba au deja o dorinţ ă puternică de a se miş ca. Ar trebui să măriţ i încet-încet durata plimbărilor în fiecare zi, astfel încât câinele dumneavoastră să facă exerciţ iile necesare. Aceasta este o altă modalitate de a preveni plictiseala rapidă a câinelui dumneavoastră. Nu este o problemă dacă micul căţ eluş trage un pui de somn după plimbare, complet epuizat - nu aţ i suprasolicitat câinele!

În general, căţ eii Shiba sunt foarte activi, jucăuş i ş i mai ales iubitori de distracţ ie, care se bucură de multă afecţ iune ş i timp . Cu toate acestea, puteţ i, de asemenea, să sprijiniţ i în mod specific dezvoltarea Shiba Inu-ului dumneavoastră cu jucării stimulative, jocuri de căutare sau jocuri cu nasul care întăresc abilităţ ile cognitive.

Până în a 16-a săptămână de viaţ ă, căţ elul se află în faza de imprimare, în care absoarbe majoritatea impresiilor ş i experienţ elor care vor forma mai târziu caracterul câinelui dumneavoastră. Shiba Inus sunt complet dezvoltaţ i după aproximativ doi ani. Cu toate acestea, de obicei, ei ajung la înălț imea finală după aproximativ 10-14 luni. După aceea, devin puț in mai lat, deoarece greutatea corporală încă trebuie să se adapteze la dimensiunea finală.

Din punct de vedere mental ș i intelectual, câinii se află în stadiul final de dezvoltare după aproximativ 18 luni. O regulă de bază în acest caz este aceea că câinele este complet dezvoltat la prima maturitate sexuală.

Gesturile ș i expresiile faciale ale căț elului

Interpretarea limbajului corporal al câinelui poate fi foarte interesantă ș i incitantă. Acest lucru vă oferă posibilitatea de a vă evalua Shiba Inu în diverse situaț ii ș i de a acț iona cu previziune. Literatura de specialitate oferă suficient material pe această temă sau puteț i vizita o ș coală canină unde veț i fi instruit ș i vă puteț i reasigura din nou ș i din nou.

Shiba Inu nu are trăsături agresive, dar este foarte inteligent, dulce ș i mereu gata să înveț e lucruri noi. Din aceste motive, nu este deosebit de dificil să dresezi această rasă. La fel ca în cazul oricărui alt câine, trebuie avut grijă să se asigure că are un contact regulat cu alț i câini. O bună socializare este extrem de importantă. Odată ce s-a mutat în noua sa casă, ar trebui să fie integrat cu dragoste în rutina zilnică ș i prezentat celorlalte animale care trăiesc în casă ș i copiilor. Este important pentru dezvoltarea sa să aibă parte de experienț e bune. Timpul petrecut cu noul dvs. iubit va fi răsplătit mai târziu. Inus sunt câini care iubesc să lucreze cu oamenii lor ș i, prin urmare, nu merită un tratament nedrept.

Căț eluș ii au o varietate de gesturi pentru a se face remarcaț i - ș i nu numai - printre semenii lor. Ei nu se pricep doar la gesturi ș i la limbajul corpului, ci ș i la expresiile faciale, pe care le folosesc pentru a comunica cu alț i câini. În acest fel, ei arată că le este foame, că sunt speriaț i sau cer afecț iune.

În cazul în care câinele, încă mic, priveș te rigid într-o singură direcț ie, iar pupilele sunt contractate, acesta este un gest de ameninț are.

În lumea câinilor, se vorbeș te ș i despre aș a-numitul "ochi rău". Acest lucru înseamnă că câinele nu arată "curat" ș i ar putea muș ca fără avertisment.

Căț elul se construieș te în mod special: În cazul în care căț elul se simte deosebit de curajos sau manifestă laturi agresive, acesta se va construi ș i se va face mare. Urechile ș i coada sunt apoi ridicate. Probabil că îș i va scoate pieptul în afară ș i îș i va ridica firele de păr de pe gât ș i de pe spate. De asemenea, este posibil să dea uș or din coadă atunci când mârâie - un semn de nesiguranț ă.

Căț eluș ul se face **foarte** mic: Dacă un câine este supus, el se face cât mai mic posibil pentru a părea un căț eluș . Speranț a lui este că omologul său îl va lăsa în pace, deoarece câinii adulț i, de exemplu, îi vor mustra pe căț ei, dar niciodată nu îi vor ataca ș i muș ca. Atunci când căț eii sunt supuș i, de obicei se vor ghemui lateral pe podea, îș i vor ț ine coada foarte aplecată ș i o vor miș ca timid. Uneori, vor încerca să lingă faț a câinelui superior sau a îngrijitorului. În situaț ii mai extreme, se vor întinde complet pe spate, expunându-ș i gâtul.

Figura 2: Căț eluș ul se face foarte mic.

Datul din coadă este adesea interpretat ca un semn de amabilitate ș i bucurie. Dar clătinarea exagerată a fost adesea observată la câinii supuși. Așadar, clătinarea poate avea, de asemenea, mai multe semnificații:

Dacă câinele dă din coadă încet și coada este relativ rigidă, înseamnă că este supărat.

Dacă coada este băgată între picioarele din spate, acesta este un semn de frică.

Câinii agitați sau nervoși își țin uneori coada în jos și o mișcă doar sugestiv.

Modul în care câinii își poartă coada variază de la o rasă la alta. În general, se poate spune că o coadă care se află la un unghi de peste 45 de grade față de spate reprezintă vigilență și interes.

Fața și expresiile faciale ale unui cățeluș pot dezvălui multe despre starea sa de spirit actuală. Este cățelușul speriat? Este emoționat? Vrea să se joace? Aceste și alte emoții pot fi recunoscute și pot fi urmărite prin intermediul expresiilor faciale. Dacă urechile sunt îndreptate în față, înseamnă că cățelul este atent și ascultă. Dacă, pe de altă parte, urechile sunt lipite de cap, acest lucru poate exprima bucurie, dar și teamă. Pentru a "citi" corect starea de spirit, trebuie să acordați atenție și altor semne și să le puneți într-un context comun.

Dacă observați că ochii sunt doar puțin închiși, acesta este de obicei un semn de bucurie sau de acceptare a faptului că sunteți "liderul haitei". Cu toate acestea, dacă ochii sunt larg deschiși, cățelul este alert și în "alertă". Natura a aranjat în așa fel încât câinii, atunci când se întâlnesc și decid ierarhia între ei, să se privească în ochi până când cel mai slab cedează și se retrage. Experții în câini recomandă acest tip de comportament și în dresajul cățeilor: într-o situație de neliniște, priviți cățelul până când acesta se desprinde din privire și se retrage.

Produse pentru căței

Pe lângă produsele deja menționate, care fac parte din achiziția unui câine, cum ar fi hamul sau lesa, există și alte produse care sunt adaptate la condiţiile de viaţă ale căţeilor. Căţeii Shiba, în special, sunt foarte jucăuşi şi foarte curioşi. Dacă doriţi să promovaţi în mod special performanţa cognitivă a animalului dumneavoastră de companie, sunt recomandate unele jucării speciale şi jocuri de căutare pentru câinele dumneavoastră.

Antrenamentul de îndemânare pentru câini este o modalitate de a face acest lucru - fie cu un design propriu, fie cu o jucărie de adulmecat cumpărată, puteţi, de asemenea, să satisfaceţi aici instinctul de vânătoare şi ambiţia prietenului dumneavoastră cu patru picioare. Aceste jocuri sunt de obicei realizate dintr-un silicon rezistent la muşcături, cu un spaţiu gol în interior. Puteţi plasa în el, printr-o deschidere îngustă, dulciuri pe care câinele trebuie apoi să le scoată singur. Acest joc este disponibil în multe variante şi forme diferite.

Dar covoarele de mirosit sunt, de asemenea, un stimulent excelent pentru a ţine un căţeluş ocupat. Aceste covoraşe au diverse aplicaţii, cum ar fi buzunare sau incizii mici, în care puteţi ascunde mâncare sau dulciuri. În acest fel, Shiba Inus îşi achiziţionează în mod jucăuş o parte din mâncare şi sunt ţinuţi ocupaţi în mod optim.

Există, de asemenea, alte produse care sunt adaptate la anumite tipuri de antrenament. De exemplu, tampoanele absorbante sunt ideale pentru primele câteva săptămâni, atât timp cât căţelul nu este încă capabil să-şi controleze complet vezica urinară. Dar şi coşurile speciale pentru câini pentru maşină îi pot face viaţa mai uşoară prietenului dumneavoastră cu patru picioare şi, dacă este cazul, îi pot îndepărta teama.

Şcoala de căţei

Şcoala de căţei vă oferă un loc unde puteţi lucra la socializarea căţeluşului dumneavoastră cu alţi proprietari, căţei şi cu un dresor profesionist. Aceste întâlniri, organizate de obicei de o şcoală canină, sunt întâlniri săptămânale care ajută la formarea caracterului şi la socializare. După ce căţelul dumneavoastră s-a mutat cu dumneavoastră la vârsta de aproximativ opt-zece săptămâni, ar trebui să deveniţi cea mai puternică şi mai importantă figură de ataş ament pentru el în primele zile şi săptămâni. După cinci până la şapte zile, însă, puteţi să vă apucaţi de treabă dacă doriţi.

Ş coala de căţei are multe avantaje pentru animal:

- Căţeluş ul întâlneş te consăteni de diferite rase.
- Dimensiunea corpului şi activităţile, dar şi intensitatea sunt relativ similare.
- Căţeluş ul ajunge să cunoască diferiţi stimuli din mediul înconjurător şi este astfel socializat.
- Un dresor profesionist de câini explică comportamentul social al animalelor.
- Instrucţiuni şi sfaturi pentru o comunicare reuş ită între câini.
- Comenzile sunt antrenate direct într-o atmosferă bogată în distracţii.

În ş coala de căţei, câinele dumneavoastră întâlneş te alţi câini de rase diferite. Această interacţiune socială cu ceilalţi îl ajută pe câinele dvs. să înveţe ce anume face un câine. Căţeii se pot juca şi se pot zbengudui împreună într-un mediu supravegheat, dar în acelaş i timp învaţ ă şi primele comenzi. Avantajul special al participării la o ş coală de căţei este şi feedback-ul direct pe care îl puteţi obţine. Un dresor de câini cu experienţ ă va observa rapid dacă totul este în regulă în ceea ce priveş te comunicarea dintre tine şi câinele tău. Acest lucru înseamnă că sfaturile şi trucurile potrivite vă pot fi transmise direct şi apoi puse în aplicare. În acest fel, chiar şi în calitate de începător, puteţi evita greş elile care sunt greu de corectat mai târziu. Schimbul cu alţi proprietari de câini este de asemenea facilitat aici şi oferă spaţiu pentru relatări de experienţ ă sau pentru propriile sfaturi.

Sesiunile de formare organizate aici au loc de obicei o dată pe săptămână, iar în restul timpului exersaţi şi consolidaţi ceea ce aţi învăţ at acasă. În plus căţelul învaţ ă aici cum să interacţ ioneze corect cu alţi câini. Acest lucru poate avea un efect pe termen lung asupra comportamentului său social. La fel ca în cazul copiilor umani, accentul se pune pe învăţarea prin joc, cu accent pe faptul că câinii se joacă împreună. Pe lângă sesiunile scurte de dresaj, de obicei de 10 minute, sunt întotdeauna programate pauze de regenerare şi de joacă între ele. În acest fel, profitaţi la maximum de capacitatea de atenţie a căţelului dumneavoastră. Cu toate acestea, aici se aplică următoarele: Este mai bine să antrenaţi puţin prea puţin decât să suprasolicitaţi câinele. Acesta este cel mai bun mod de a ancora cunoştinţele nou dobândite.

Mai jos veţi găsi principalele caracteristici după care puteţi recunoaşte o şcoală bună de căţei:

- Aruncaţi o privire - Înainte de a vă decide asupra unei şcoli de căţei, ar trebui să puteţi urmări o sesiune de antrenament la faţa locului. Ascultaţi-vă instinctul cu privire la ceea ce este cel mai bine pentru câinele dumneavoastră.

- Dresorul - Aflaţi care sunt calificările dresorului de câini respectiv. Nu trebuie să ignoraţi dresorii voluntari, deoarece o educaţie în sine nu spune prea multe despre manipularea animalelor.

- Grupul - Cât de mare este grupul de căţei? Mai există capacitate sau poate căţelul dumneavoastră se pierde în mulţime? Cum sunt distribuite dimensiunile? Experienţele neplăcute cu câini de talie mare pot duce la teamă şi antipatie mai târziu în viaţă.

- Motivaţia câinilor - o stare de spirit pozitivă şi lucrul cu condiţionarea pozitivă ar trebui să fie în prim-planul dresajului canin. Vocile ridicate, violenţa sau "instrumentele" dureroase nu sunt o opţiune aici!

- Zona pentru câini - Cum este amenajată zona şcolii de căţei? O zonă verde împrejmuită pentru joacă, de preferinţă cu copaci şi tufişuri, este optimă. Ofertele suplimentare pentru căţeii curioşi, cum ar fi benzile de fluturare sau tunelurile pentru câini, sunt cu atât mai bune.

Hrană pentru căței

O dietă echilibrată ș i corectă este deosebit de importantă pentru căț ei. Aceasta pune bazele pentru viaț a lor viitoare. În special aportul de minerale, cum ar fi varul, este foarte important pentru formarea oaselor. Dacă acesta lipseș te, un Shiba Inu poate suferi mai multe fracturi osoase la bătrâneț e. Ligamentele ș i tendoanele pot fi, de asemenea, afectate permanent de malnutriț ie.

Hrana umedă clasică cu un conț inut ridicat de carne este recomandată pentru hrănirea unui căț eluș Shiba. Nu daț i prea multă hrană pentru a împiedica căț elul să se uș ureze în casă. În plus, porț iile mai mici îi pot ajuta pe căț ei să se debaraseze de obiceiul de a înghiț i, care apare la majoritatea câinilor tineri.

O dietă de vomă (hrănire cu carne crudă) nu este, de asemenea, o problemă pentru Shiba Inu ș i este deja tolerată foarte bine de căț ei. În Japonia, ț ara lor natală, animalele sunt de obicei hrănite cu carne ș i deș euri de peș te. Ele sunt obiș nuite cu acest tip de hrană. Pentru voma clasică, unii producători oferă hrană gata preparată care poate fi păstrată mai mult timp ș i care poate fi luată cu ea ș i în deplasare.

Dresaj de câini în trecut ș i astăzi

Ca aproape orice, metodele de dresaj canin s-au schimbat. În timp ce în anii 1980 încă se mai vehiculau ideile de dominanț ă, supunere ș i conducere strictă ș i dură a haitei, ș colile moderne de câini se concentrează pe întărirea pozitivă. Acest lucru înseamnă că câinele este lăudat pentru un comportament corect, de exemplu cu recompense. În acest fel, câinele învaț ă că acest comportament este dorit ș i că va fi recompensat.

Recompensa poate lua mai multe forme ș i nu trebuie să fie numai dulciuri. Puteț i permite căț eluș ului să se joace cu jucăria sa preferată sau să-l mângâie. Orice îi place să facă ș i care nu depăș eș te limitele pe care le-aţi stabilit este permis. Fiţi creativi în ceea ce priveş te motivarea. Vă cunoaş teţi cel mai bine câinele ş i veţi ş ti rapid ce îi face plăcere. O mică joacă cu dumneavoastră sau îmbrăţ iş area împreună întăreş te, de asemenea, legătura. Gesturile tale ş i folosirea vocii tale pot, de asemenea, să-i semnaleze micuţ ului că a făcut ceva super grozav. Câinilor le place să fie sărbătoriţ i! Dacă lucraţ i cu recompense, mai ales la început, adăugaţ i varietate ş i acolo. Pregătiţ i o pungă surpriză cu tot ceea ce îi place lui Shiba. Poate fi vorba de ş priţ uscat, chipsuri de banane, inele de mere, chipsuri de nucă de cocos, bucăţ i de intestin de porc tăiate, bunătăţ i presate dintr-o pungă etc. Câinele tău nu ş tie niciodată ce îi vei da. Câinele dumneavoastră nu ş tie niciodată ce veţ i dezgropa din pungă ş i va fi de două ori mai atent!

> Nu-i lăsaţ i pe alţ i stăpâni de câini să vă ţ ină lecţ ii sau să vă convingă să urmaţ i o metodă de dresaj dacă nu aveţ i chef. Fiecare câine este diferit ş i fiecare proprietar de câine are propria reţ etă pe care o consideră singura corectă. Cu toate acestea, dresajul unui labrador sau al unui terrier nu este acelaş i lucru cu dresajul unui Shiba Inu.

Cu toate acestea, nu ar trebui să vă fie teamă să întrebaţ i alţ i proprietari de câini despre metodele dumneavoastră de dresaj, dacă vedeţ i că acestea au succes. Sfaturile nesolicitate sunt enervante, mai ales dacă încep cu "Ei bine, eu întotdeauna am procedat aş a..." ş i au subînţ elesul unei predici de la amvon. Este diferit dacă îl abordaţ i deschis pe celălalt proprietar de câine ş i îl întrebaţ i. Cei mai mulţ i sunt bucuroş i să îş i împărtăş ească experienţ ele!

De asemenea, vă rugăm să ignoraţ i comentariile de genul "dar e mare, sigur are nevoie de o mână fermă" (dacă se poate, cu un zâmbet superior, dacă nu, gândindu-vă la rolul vostru ş i mergând mai departe fără comentarii). Ideea de dominare, a oamenilor ca ş efi de haită, nu este cu siguranţă complet greşită, dar o mână dură este ultimul lucru de care are nevoie câinele dumneavoastră sensibil.

Un câine are nevoie de reguli clare. Acest lucru include răbdarea şi consecvenţa, chiar dacă este dificil. Empatia şi politeţea sunt calităţile pe care le aşteptaţi de la câinele dumneavoastră. Cum ar trebui să le învețe dacă îi daţi un exemplu greşit?

Tractarea în lesă, apucarea şi scuturarea câinelui de gât, aruncarea câinelui pe spate, ameninţarea cu ziarul sau lovirea câinelui nu îşi au locul într-o relaţie între câine şi stăpân, care ar trebui să fie caracterizată de respect şi dragoste. Un dresaj canin de succes nu necesită violenţă şi doar cei care îşi dresează câinele într-un mod prietenos, dar ferm, vor avea mai târziu un prieten cu patru picioare plăcut în lesă.

Antrenament pentru căţei - Primele 5 săptămâni

Căţeii învaţă mai repede decât câinii adulţi. Acest lucru nu înseamnă că nu mai puteţi învăţa nimic de la un animal adult, dar dacă bazele educaţiei sunt deja puse în perioada de căţeluş, acest lucru simplifică convieţuirea şi educaţia ulterioară în general.

Având în vedere că acest timp ar trebui, prin urmare, să fie bine folosit, se poate întâmpla rapid să vă simţiţi copleşit şi să nu ştiţi cu ce să începeţi acum şi ce este cel mai important.

Prin urmare, iată care sunt lucrurile pe care ar trebui să le învăţaţi căţelul Shiba Inu cât mai curând posibil.

Mai întâi de toate, nu vă suprasolicitaţi Shiba Inu! Este mai bine să exersezi de câteva ori pe zi, timp de câteva minute, decât să vrei prea mult şi să stresezi animalul!

În plus faţă de dresajul pentru casă, care a fost deja discutat, este de asemenea important să antrenaţi Shiba Inu să **muş te**. Acest lucru este exact ceea ce pare: animalul trebuie să înveţe să nu muş te prea tare.

Această inhibiţie nu este, contrar a ceea ce s-ar putea crede, înnăscută. În schimb, este învăţată, de exemplu atunci când căţelul se joacă cu fraţii săi. Se întâmplă adesea ca unul dintre căţei să scoată un strigăt puternic, care de obicei sună mai dramatic decât este de fapt, pentru că unul dintre căţeluşi l-a muş cat.

Acest strigăt îl face pe "atacator" să dea înapoi şi să realizeze: "A fost prea tare, trebuie să fiu mai atent".

Prin urmare, în raport cu conspecii, căţeii învaţă de obicei această inhibiţie a muş căturii destul de repede. Cu toate acestea, este foarte posibil ca ei să aibă nevoie să testeze cât de departe pot merge cu oamenii independent de acest lucru.

Acum, pentru a-i învăţa această inhibiţie şi cu oamenii, faceţi exact ce au făcut fraţii săi: Ţipă tare când micul Shiba Inu te muş că. Acest strigăt trebuie să fie cu adevărat strident şi convingător şi nu o exclamaţie cu jumătate de gură ca "Au". Majoritatea căţeilor vor şti acum că aţi mers prea departe şi se vor opri. În caz contrar, aveţi opţiunea fie de a ieş i chiar dumneavoastră pe uş ă pentru câteva secunde şi astfel să ieş iţi din situaţie, fie de a pune câinele afară. După ce au trecut câteva secunde, jocul şi, astfel, antrenamentul de inhibare a muş căturii poate fi continuat.

Shiba Inus, la fel ca toţi ceilalţi câini, nu sunt răi. Ei nu vor să-ş i rănească stăpânul. Pot exista două motive pentru care muş că: au dureri sau sunt excitaţi. Acesta din urmă este cazul atât atunci când le este frică, cât şi atunci când se joacă. Aş a că se întâmplă mai ales atunci când vă jucaţi cu căţelul că acesta vă prinde accidental mâna sau vă muş că braţ ul. Este entuziasmat, este tânăr şi vrea să testeze lucrurile.

Câteva informaţii pe lângă: Dinţii căţeilor sunt mai ascuţiţi decât cei ai câinilor adulţi. De ce se întâmplă acest lucru este disputat şi astăzi în ştiinţă. O teorie, totuşi, este că acest lucru se întâmplă pentru ca inhibiţia muşcăturii să fie învăţată mai repede. Dinţii căţeilor Shiba dor mai repede şi mai mult decât dinţii câinilor adulţi, ceea ce duce, de asemenea, la o reacţie mai rapidă din partea fraţilor sau a tovarăşilor de joacă sub forma unui strigăt puternic. Astfel, căţelul învaţă inhibiţia deja la un nivel de forţă la care dinţii de adult nu ar provoca încă durere sau chiar daune.

Ceea ce ar trebui să se întâmple de la o vârstă cât mai fragedă este să îl obişnuiţi pe Shiba Inu să **poarte un ham.** La mulţi câini acest lucru nu este o mare provocare, dar la Shiba Inu este de obicei o provocare. Un Shiba Inu îşi preţuieşte independenţa, este, aşa cum s-a menţionat adesea, foarte încăpăţânat şi vede un ham sau chiar o lesă ca pe o privare de libertate şi se împotriveşte în consecinţă. Aici devine clară tendinţa spre dramatism, care este tipică pentru rasa de câini japonezi: probabil că, într-o astfel de situaţie, este emis "strigătul tipic Shiba", prin care animalul vrea să-şi exprime nemulţumirea. Acest lucru sună foarte dramatic şi adesea te face să crezi la început că l-ai rănit grav pe micul căţeluş.

Dar nu lăsaţi acest lucru să vă scoată din joc. Bineînţeles, oricum nu ar trebui să foloseşti forţa brută, aşa că şansa ca tu să-l fi rănit cu adevărat pe Shiba Inu este foarte mică. El vrea pur şi simplu să arate clar că nu-i place restricţia libertăţii sale sub forma hamului.

Hamul ar trebui să devină un lucru pe care Shiba Inu să îl ia ca pe un lucru de la sine înţeles, astfel încât să nu-l observe aproape deloc. Acest lucru poate fi antrenat prin recompensarea lui imediat după ce îl pune - ceea ce poate fi puţin dificil la început din cauza rezistenţei, dar este totuşi gestionabil - cu un joc grozav şi/sau dulciuri. În acest fel se asociază hamul cu ceva pozitiv. În timp, Shiba Inu va deveni din ce în ce mai puţin interesat de ham, pe măsură ce hamul devine ceva normal pentru el.

În acest caz, poate fi util să însoţiţi punerea hamului cu un semnal verbal, cum ar fi "puneţi-l". În acest fel, Shiba Inu ştie rapid ce urmează şi, în mod ideal, poate coopera puţin, de exemplu, trecându-şi capul prin ham.

Figura 3: Obiş nuirea căţ eilor cu un ham de piept.

Indiferent de modul în care reacţ ionează căţ eluş ul tânăr, principalul lucru este să ţ ineţ i zgarda foarte puţ in timp. Depinde de reacţ ia pe care a arătat-o căţ elul. Dacă a fost bună, puteţ i să-i puneţ i din nou zgarda în aceeaş i zi sau a doua zi, dacă este vorba de o reacţ ie de ş oc. Dacă a fost cuminte, ar trebui să îl lăudaţ i cu o voce veselă. În acest fel, el asociază zgarda cu un eveniment vesel. Al doilea pas este lesa. Din nou, este mai bine să îi arătaţ i căţ eluş ului lesa în prealabil ş i să o ataş aţ i la zgardă doar pentru un scurt moment. Odată ce a acceptat-o, puteţ i începe să exersaţ i mersul în lesă cu el în interior.

Dacă, după aceste exerciţ ii, câinele urmează să facă prima plimbare adevărată în aer liber, ar trebui să fie cel puţ in capabil să execute comenzile de bază, care sunt: Ş ezi, Jos, Stai, Aici ş i La picior ar trebui să fie cel puţ in pe jumătate stăpânite. Câinele tânăr trebuie să ş tie în linii mari ce înseamnă. Dar stăpânul are nevoie ş i de multă răbdare cu comenzile, deoarece căţ elul nu ş tie întotdeauna imediat ce i se cere ş i nu se va supune imediat. Mai ales atunci când tânărul câine se află pentru prima dată în pădure sau pe o pistă pentru câini, sunt multe lucruri noi de descoperit ş i va dori să adulmece peste tot. În plus, micul Shiba nu ş tie încă să meargă în lesă ş i trebuie să o înveţ e. Dar Shiba Inus sunt foarte inteligenţ i ş i dornici să înveţ e, iar ei înţ eleg foarte repede ce vrei de la ei.

Acelaş i principiu se aplică ş i la **mersul în lesă** . După cum s-a menţ ionat deja, Shiba Inus sunt câini de vânătoare ş i, în special în cazul acestei rase, este posibil să nu-i puteţ i lăsa niciodată să alerge liberi la plimbare, deoarece ar fi pur ş i simplu prea riscant. Prin urmare, este important ca ei să fie obiş nuiţ i cu lesa ş i să nu o găsească enervantă ş i, prin urmare, stresantă, la fel ca ş i hamul.

Este posibil să existe provocări diferite la început: Se poate întâmpla ca Shiba Inu să nu se miş te de îndată ce i se pune lesa. În acest caz, lăsaţ i pur ş i simplu lesa să cadă pe jos în grădină sau în apartament ş i distrageţ i-i atenţ ia prietenului dumneavoastră cu patru picioare cu dulciuri până când acesta uită de prezenţ a lesei ş i începe să se miş te până la urmă. Acum luaţ i din nou lesa în mână ş i lăudaţ i-l pe Shiba Inu. Acum începe să se miş te pas cu pas. Dacă câinele îl urmează, este recompensat. Dacă nu o face, aş teptaţ i fără să vorbiţ i cu el sau să-i acordaţ i atenţ ie în alt mod. La un moment dat se va plictisi ş i va începe să se miş te din nou. Chiar în acel moment va primi lauda.

O altă problemă poate fi aceea că Shiba Inu muş că lesa. La o privire mai atentă, acest comportament nu este deloc surprinzător. La urma urmei, jocurile de tras de mânecă sunt distractive ş i atrag atenţ ia. Acesta este, de asemenea, punctul de plecare: Dacă Shiba Inu muş că lesa, daţ i drumul la lesă ş i pur ş i simplu mergeţ i cât iva paş i mai departe. Desigur, acest lucru ar trebui să fie antrenat într-un mediu sigur. La început, fiecare pas pe care Shiba Inu îl face fără să muş te lesa este lăudat.

Mersul în lesă în sine este, de asemenea, un lucru care ar trebui să fie învăţ at de micul Shiba Inu de la o vârstă fragedă. Există mai multe metode pentru a-l face pe cel mic să meargă cu tine în lesă liberă: În primul rând, câinelui trebuie să i se arate că mersul alături de tine este recompensator. Acest lucru se face cu ajutorul unor recompense. Prima recompensă este aş ezată pe jos. În timp ce Shiba Inu o mănâncă, tu mergi cât de mult înainte îţ i permite lesa ş i plasezi o altă recompensă pe jos lângă tine. În acest fel, Shiba învaţ ă că a fi lângă tine în lesă este ceva pozitiv.

Cu această metodă puteţ i crea deja o bază bună. Cu toate acestea, probabil că vor exista întotdeauna situaţ ii în care Shiba Inu va trage de lesă ş i va încerca să îş i determine stăpânul să meargă în direcţ ia în care vrea el. A urmări acest lucru ar fi fatal, mai ales în cazul acestei rase de câini, ş i ar fi foarte repede recunoscut ca o slăbiciune din partea Shiba Inu ş i exploatat.

Dacă prietenul dumneavoastră cu patru picioare trage de lesă, aveţ i două posibilităţ i de reacţ ie: Fie staţ i nemiş cat ş i nu vă miş caţ i până când Shiba Inu nu mai trage ş i lesa este din nou liberă. Aici este nevoie de răbdare, deoarece este foarte posibil să dureze mult timp până când animalul încăpăţ ânat va renunţ a la intenţ ia sa. Cealaltă opţ iune este să trageţ i în direcţ ia opusă celei în care Shiba Inu vrea să meargă. Acest lucru funcţ ionează doar dacă are cu adevărat un obiectiv specific ş i nu este doar nerăbdător ş i vrea să alerge mai repede. Faceţ i câţ iva paş i în direcţ ia opusă ş i apoi mergeţ i în arc de cerc înapoi la destinaţ ia iniţ ială. Dacă câinele dumneavoastră începe să tragă din nou, mergeţ i din nou în direcţ ia opusă până când înţ elege că o lesă slăbită îl va duce la atingerea destinaţ iei dorite.

De asemenea, este mai uş or pentru Shiba Inu să se obiş nuiască cu ritualurile de toaletare atunci când este un căţ eluş .

Îngrijirea unui Shiba Inu nu este deosebit de solicitantă în sine, dar necesită mult timp. Este util dacă câinele stă nemiş cat în timpul toaletării. Acest lucru poate fi exersat cu uş urinţ ă oferindu-i Shiba Inu atenţ ie ş i afecţ iune. Masarea labei, frecarea urechilor ş i chiar atingerea gurii sunt modalităţ i pozitive de a arăta aceste lucruri.

În cele din urmă, un punct deosebit de important care este adesea uitat în dresajul căţ eilor: somnul. Mai ales Shiba Inus foarte activi au tendinţ a de a fi atât de agitaţ i încât cu greu se pot calma ş i este dificil să adoarmă. Practic, ei nici măcar nu observă că sunt de fapt epuizaţ i ş i au nevoie de somn. Prin urmare, trebuie menţ ionat din nou: Nu vă suprasolicitaţ i căţ elul Shiba Ino. Dacă vreţ i prea multe deodată, oferiţ i prea multe activităţ i, atunci Shiba Inu-ului dumneavoastră îi va fi greu să se odihnească, ceea ce la rândul său duce la stres. Aş adar, asigurat i-vă că cät elul dumneavoastră are timp să se retragă ş i să proceseze toate impresiile noi pe care le-a adunat.

Lista de verificare - Socializarea căt elului

Faza de socializare din viat a lui Shiba Inu are o important ă formativă pentru modul în care se va comporta în anumite situat ii de-a lungul viet ii sale. Ceea ce el percepe ca fiind neutru sau pozitiv în calitate de cät eluş nu îi va cauza probleme mai târziu. În schimb, acest lucru înseamnă că, dacă asociază ceva negativ cu o situat ie, va fi dificil să îl rupet i de această asociere. Nu pot i fi pregătit pentru orice, dar există câteva situat ii pe care le vei întâlni adesea în viat a de zi cu zi ş i cu care Shiba Inu ar trebui, prin urmare, să fie obiş nuit de timpuriu.

Aceste situat ii includ următoarele:

- Conducerea unei maş ini
- Autobuz/tramvai/alte mijloace de transport în comun
- Ciclism
- Lift
- Urcarea scărilor
- Magazine
- Restaurante
- Mult imi
- Întuneric
- Lumânări la lumina lumânărilor
- Apă
- Hoover
- Aparate de bucătărie

- Practică veterinară
- Jogger
- Biciclist
- Sonerie
- Copii
- persoanele în vârstă
- alte animale
- alţi câini

În special ultimele patru puncte sunt esenţiale pentru Shiba Inus. Prietenul cu patru picioare trebuie să fie obişnuit de la o vârstă fragedă cu copiii şi cu alte animale cu care urmează să îşi împartă teritoriul, altfel comportamentul teritorial distinct al acestei rase va ieşi în evidenţă. El va considera mai degrabă animalele mai mici şi, de asemenea, pisicile ca fiind pradă.

Cu toate acestea, dacă îţi obişnuieşti câinele cu copiii sau cu animalele încă de la început, traiul cu el nu va fi complicat şi se pot dezvolta legături profunde, pe viaţă, în timpul cărora loialitatea lui Shiba Inu devine evidentă.

Pentru a vă obişnui Shiba Inu cu locurile şi situaţiile menţionate mai sus, este important să le descoperiţi în mod activ şi atent împreună cu căţelul dumneavoastră. Este important să nu exageraţi imediat, deoarece o plimbare cu metroul de la un capăt la altul al oraşului ar copleşi şi nelinişti animalul.

Şi aici este nevoie de răbdare! Atenţia este, de asemenea, indispensabilă, motiv pentru care concentrarea dumneavoastră trebuie să fie în totalitate asupra câinelui şi nu asupra telefonului mobil, deoarece, aşa cum am menţionat deja, experienţele negative se întipăresc rapid în Shiba Inu.

Shiba Inu în pubertate

La fel ca toţ i câinii tineri, Shiba Inus intră în pubertate în timp. Adolescenţ a începe, de obicei, între a ş aptea ş i a douăsprezecea lună. Este, de asemenea, începutul unei perioade în care masculul adolescent îş i va arăta superioritatea. Din când în când, câinele mascul va testa în ce măsură îş i poate pune în aplicare propriile reguli ş i comportamente. Pentru stăpân, va începe acum faza în care "nu mai are chef de nimic", crize bruş te însoţ ite de multă activitate, revolte repetate ş i niciun respect pentru autoritate. Câinii tineri care trec prin pubertate prezintă întotdeauna un comportament asemănător cu cel al adolescenţ ilor. Tânărul Shiba, care vrea întotdeauna să îş i mulţ umească la maximum îngrijitorul ş i care a absorbit cu entuziasm tot ceea ce a fost învăţ at, dintr-o dată nu mai are nicio comandă în cap. Dar ş i astfel de faze dispar de la sine.

Tranziţ ia către "vârsta adultă" începe după vârsta de căţ eluş . Adolescenţ a este uş or de recunoscut atunci când căţ eilor le cad dinţ ii de lapte ş i le cresc dinţ ii adevăraţ i. Stadiul de dezvoltare al pubertăţ ii se îmbină aproape fără probleme cu vârsta adultă. Astfel, cu greu pot fi separate una de cealaltă. În funcţ ie de rasă, pubertatea durează în consecinţ ă mai mult sau mai puţ in timp, iar câinele va atinge maturitatea sexuală în timpul acestei faze.

La căţ ele, adolescenţ a este recunoscută prin faptul că acestea au primele călduri. Câinii masculi, pe de altă parte, vor începe acum să îş i ridice piciorul pentru a urina. Un alt semn al pubertăţ ii la câinii masculi este faptul că aceş tia devin brusc interesaţ i de semnele altor câini, iar jocul lor devine mai dur. În funcţ ie de posibilele niveluri de stres sau de starea de nutriţ ie (prea gras/prea slab), pubertatea poate fi corespunzător mai rapidă sau întârziată. Natura a dispus în aş a fel încât animalul să ajungă la maturitatea sexuală doar atunci când există suficiente rezerve fizice ş i animalele se miş că într-un mediu sigur.

Odată ce faza de pubertate a fost finalizată cu succes, începe dezvoltarea spre vârsta adultă, care va continua timp de mai mulț i ani. Numai după ce întregul proces de dezvoltare a fost finalizat, Shiba Inu este matur din punct de vedere fizic ș i mental. În această etapă a vieț ii are loc dezvoltarea finală a caracteristicilor sexuale secundare ș i schimbarea comportamentului. La fel ca la om, nu doar comportamentul exterior ș i cel vizibil se schimbă, ci ș i structura internă este "remodelată". Acest lucru înseamnă, de exemplu, că tânărul câine se dezvoltă mental. Hormonul "GnRH", "Gonadotropin Releasing Hormone", dă startul pubertăț ii. Acest hormon declanș ează eliberarea de hormoni sexuali, care la rândul său duce la eliberarea altor neurotransmiț ători în creier. Comportamentul câinelui în sine se schimbă din ce în ce mai mult de la un comportament "copilăresc" ș i emoț ional la un comportament adult ș i rezonabil.

Ce declanș ează pubertatea câinelui?

În timpul pubertăț ii, în organism au loc diferite procese de schimbare, care nu numai că au un efect asupra corpului, ci ș i asupra maturizării mentale. Astfel de schimbări sunt enumerate mai jos, astfel încât proprietarul să poată înț elege mai bine comportamentul câinelui său:

Modificări ale celulelor nervoase declanș ate de puseele de creș tere: Pentru ca creierul să poată funcț iona mai eficient odată cu înaintarea în vârstă, conexiunile nervoase sunt "reconstruite", ca să spunem aș a. Conexiunile importante sunt întărite ș i mai mult, iar cele mai puț in importante sunt reduse. Toate acestea au loc în principal în cortexul prefrontal, regiunea creierului care este responsabilă pentru procesele conș tiente, gândire ș i învăț are ș i care permite reacț ia corespunzătoare.

Prin urmare, este posibil ca acț iunile impulsive să apară în timpul pubertăț ii. Alte zone, cum ar fi nucleul amigdalelor, cresc, de asemenea, în timpul acestei faze.

Amigdala este zona din creier responsabilă pentru emoț ii: frică, agresivitate sau bucurie. Aceasta afectează, de asemenea, viaț a emoț ională a câinelui. El poate deveni puț in mai imprevizibil.

Fluctuaț iile hormonale: cei doi hormoni, testosteronul ș i dopamina, provoacă neliniș te la câine, deoarece sensibilitatea celulelor receptoare se află, de asemenea, într-o fază de schimbare. Acest lucru poate însemna pentru animal că acesta devine mai sensibil la stres sau este ș i mai agitat decât înainte. Câinele reacț ionează hipersensibil la stimuli externi. La fel cum reacț ionează la circumstanț ele cu care este familiarizat. Acestea sunt schimbări tipice de dispoziț ie care sunt, de asemenea, familiare adolescenț ilor.

Cum recunoș ti pubertatea lui Shiba Inu?

Dacă un câine se află în faza de pubertate, stăpânul recunoaș te acest lucru în principal prin faptul că ș i câinele devine mai temperamental ș i reacț ionează în consecinț ă la mediul înconjurător. Este într-o oarecare măsură neregulat. Cât de puternică este adolescenț a, bineînț eles, depinde întotdeauna de fiecare animal în parte, deoarece fiecare câine are caracteristici individuale. În principiu, însă, se poate spune că orice formă de adolescenț ă are ca scop consolidarea formelor de comportament ale adulț ilor.

Ar trebui să acordaț i o atenț ie deosebită următoarelor puncte în timpul pubertăț ii câinelui:

Respect: Trebuie să te afirmi întotdeauna! Nu este nimic rău în a fi înț elegător faț ă de câine, dar în niciun caz nu trebuie să lăsaț i să alunece obiceiurile proaste. Trebuie să rămâneț i întotdeauna liderul haitei, încrezător în sine ș i neimpresionat, faț ă de care câinele se poate orienta bine chiar ș i în faza sa dificilă.

Răbdare: Unii Shiba Inus abia îș i amintesc ce au învăț at, par să fie lenț i la învăț ătură sau nu răspund deloc atunci când sunt chemaț i. Chiar dacă uneori este dificil. Înț elegerea ș i mult timp îi vor ajuta în această perioadă. Bucuria de a învăţa poate fi scoasă din nou la iveală în ei sau pot fi învăţaţi trucuri noi - cu multe încurajări şi laude.

Protecţie: Un câine aflat la pubertate adesea nu recunoaşte pericolele şi nu cunoaşte niciun risc. Este cu atât mai important să vă supravegheaţi mereu câinele tânăr şi să puteţi interveni dacă "adolescentul" se pune singur în pericol. În această perioadă, ar trebui să evitaţi - dacă este posibil - să vă mutaţi sau să îl învăţaţi lucruri cu totul noi. Shiba Inu trebuie să se adapteze la noi circumstanţe şi acest lucru poate fi prea mult pentru el.

Întrebarea care divizează opiniile: A castra sau a nu castra?

La fel ca în cazul hrănirii sau al dresajului, nu există un răspuns gata făcut. Fiecare câine mascul şi femelă este diferit, iar decizia nu trebuie luată cu uşurinţă.

În orice caz, ar trebui să aşteptaţi cu sterilizarea la ambele sexe până când câinele dvs. este adult, şi nu numai fizic. Sterilizarea este o intervenţie profundă în echilibrul hormonal şi aduce schimbări profunde, atât din punct de vedere fizic, cât şi psihologic. Câinii care nu sunt complet maturi pot rămâne blocaţi în faza de câine tânăr pentru tot restul vieţii, testând limitele, zbătându-se şi încercând lucruri.

Mulţi câini devin înfometaţi după sterilizare, ceea ce înseamnă că trebuie să vă feriţi de privirea înduioşătoare şi să raţionalizaţi strict mâncarea sau dulciurile. Se cere mai multă mişcare pentru ca Shiba Inu să nu devină gras şi leneş. Alţi câini, care înainte erau profund relaxaţi atunci când interacţionau cu alţi câini, devin brusc fie agresivi, fie total supuşi. Ambele variante nu sunt deloc amuzante, deoarece câinii temători sunt destul de des muşcaţi de ceilalţi. Faptul că trebuie să te hotărăşti dacă preferi să-l ai în lesă pe "muşcător" sau pe "muşcat" nu este ceva cu care niciun proprietar de câine nu vrea să se confrunte. O plimbare cu un câine temător sau agresiv tot nu este amuzantă, pentru că, la urma urmei, câinele dumneavoastră ar trebui să aibă contact cu alţi câini şi să se joace, să alerge şi să se zbenguie. În ambele cazuri, un dresaj intensiv individual la şcoala de câini de încredere poate fi de ajutor, dar înainte de a se ajunge la asta, ar trebui să vă gândiț i de două ori la sterilizare.

Pentru câinii masculi, există, de asemenea, castrarea chimică prin implant hormonal. Medicamentul se descompune lent ș i scade nivelul de testosteron. Durata este între ș ase luni ș i un an, în funcț ie de medicament. Aș adar, dacă nu sunteț i sigur dacă doriț i sau nu să vă castraț i câinele mascul, puteț i discuta cu medicul veterinar despre acest implant hormonal. Cu toate acestea, nu ar trebui să fiț i neglijent cu medicaț ia ș i, de exemplu, să vă descurcaț i uneori cu, alteori fără preparatul hormonal de-a lungul întregii vieț i a câinelui. Dacă vedeț i că câinele dumneavoastră mascul cu nivelul redus de testosteron este un câine complet normal, ascultător Ș I echilibrat, nu este nimic împotriva continuării utilizării lor sau a unei castrări chirurgicale.

Din experienț ă personală, pot susț ine testul de castrare chimică. După ce odată a scăpat de mine pe un drum aglomerat pentru a urmări o căț ea, m-am gândit serios să-l sterilizez, dar am decis să folosesc un preparat hormonal ca test. Câinele meu mascul a fost un astfel de caz, trecând de la normal la anxios în câteva săptămâni. Nu mai exista niciun semn de relaxare în timpul întâlnirilor cu câinii. Se arunca imediat pe spate, era muș cat ș i călărit în mod constant de alț i câini masculi. Ca să înrăutăț ească situaț ia, a mâncat fiecare rahat de câine pe care l-a găsit (au fost nenumărate) ș i le-a vomitat din nou acasă. Aș a că am ș tiut că sterilizarea permanentă era exclusă. Soluț ia mea a fost un dresaj intensiv ș i jucăuș sub îndrumarea unui dresor de câini. Această metodă a întărit legătura dintre noi, a devenit în proporț ie de 95 % rechemat chiar ș i în prezenț a căț elelor fierbinț ș i a redevenit un câine normal, echilibrat, care nu se mai teme de consăteni.

Apropo, ceea ce nu poate face sterilizarea, indiferent dacă este vorba de mascul sau femelă, este să elimine erorile fundamentale de formare sau de comportament. Nu orice agresivitate a unui câine este motivată sexual, iar o schimbare de caracter sau de ascultare nu sunt lucruri care pot fi operate sau înlăturate. Ceea ce se reduce este agresivitatea câinelui mascul faț ă de rivalii necastrinaț i ș i agresivitatea câinelui femelă faț ă de alte femele în călduri, dar nimic mai mult.

Sfat: Uneori, toate căţ ele din imediata vecinătate par să intre în
călduri în acelaş i timp. Dacă câinele dumneavoastră mascul este
încă prea tânăr pentru a fi sterilizat, un remediu homeopatologic îl
poate ajuta să se relaxeze mai mult. Agnus Castus Globuli (din
planta medicinală piperul călugărului) atenuează apetitul sexual.
Nu ajută toţ i câinii masculi, dar îl poate ajuta pe al tău. Cel mai
bine este să discutaţ i doza exactă cu un vindecător de animale sau
cu un medic veterinar.

Există motive medicale care fac necesară castrarea, de exemplu,
supuraţ ia uterului la căţ ele sau neliniş tea ş i refuzul de a mânca la
câini. În ceea ce priveş te legătura dintre castrarea la ambele sexe ş i
apariţ ia (sau neapariţ ia) anumitor tipuri de cancer, nu se poate face
nicio afirmaţ ie în acest caz. Pentru fiecare studiu care circulă pe net sau
pe care îl citează medicul veterinar, există un studiu care demonstrează
contrariul. Vedeţ i, nu există o soluţ ie simplă, oricât de mult ş i-ar dori
cineva să prezinte o metodă infailibilă ş i să vă uş ureze decizia. Decizia
pentru sau împotriva sterilizării este una pe care fiecare proprietar de
câine trebuie să o ia singur.

Educaţ ie

Autoritatea naturală este importantă faţ ă de câine. Bineînţ eles că doriţ i ca animalul să vă asculte în momentele decisive, dar nu vreţ i nici să-i distrugeţ i caracterul în acest proces. Acest act de echilibru poate fi dificil, mai ales pentru începători. Arta unui astfel de animal constă în a te bucura de colţ urile sale ş i în a-l lăsa să fie un animal într-o anumită măsură. Din cauza dominanţ ei pronunţ ate, va trebui, de asemenea, să vă recâş tigaţ i rangul de lider al haitei familiei în viaţ a de zi cu zi ş i să vă dovediţ i din nou valoarea. Pentru că Shiba Inu este atât de perspicace, observă foarte atent fiecare situaţ ie ş i apoi decide cum vrea să se comporte.

O legătură de încredere este crucială pentru antrenarea cu succes a unui câine - bineînţ eles, acest lucru este valabil pentru toate rasele de câini, dar la Shiba Inu această legătură are o semnificaţ ie specială.

Shiba Inus nu sunt câini care să aibă încredere oarbă. Trebuie să îi câş tigaţ i respectul ş i să îi arătaţ i că dumneavoastră sunteţ i cel care conduceţ i în relaţ ia câine-om.

Un alt lucru care nu trebuie subestimat ş i care trebuie menţ ionat din nou în acest moment: Shiba Inus a fost iniţ ial crescut ca ş i câine de vânătoare. Acest instinct de vânătoare este încă prezent în mod clar în rasa de astăzi. Prin urmare, un control consecvent este important încă de la început, astfel încât aceste animale foarte inteligente să îş i recunoască stăpânii ca lideri de haită. Nu este suficient să îi interzici o dată ceva lui Shiba Inu. În următoarea situaţ ie, el va testa din nou ş i, dacă nu obţ ine aceeaş i reacţ ie de fiecare dată când încearcă, nu va învăţ a ş i nu va interioriza această regulă.

Un exemplu din practică

Micuț a doamnă Shiba Inu pe nume Aki cerș eș te în timp ce mănâncă. Pentru că arată atât de drăguț făcând asta, stăpâna ei se lasă dusă de val ș i îi dă o bucată din cotletul de miel. Cum credeț i că se va comporta Aki cu stăpâna ei la următoarea masă? Corect, va încerca din nou să obț ină o parte din mâncare în acest fel, pentru că a observat că comportamentul ei a dus odată la succes.

Cu toate acestea, această reacț ie nu ar trebui, aș a cum se recomandă adesea, să constea doar în consecinț e dure. Desigur, acest lucru nu înseamnă că trebuie să lăsaț i animalul să vă calce în picioare sau să îl lăsaț i să scape cu un comportament nedorit din când în când. Aș a cum am menț ionat deja, isteț ul Shiba Inu ar profita rapid de un astfel de comportament. Acest lucru este valabil în general - Shiba Inu încearcă în mod constant să extindă limitele în care se miș că, îș i testează stăpânul din nou ș i din nou ș i observă fiecare punct slab.

Dar strigătele sau mustrările puternice nu vor avea succes în educarea câinelui. Mai degrabă, relaț ia de încredere cu câinele va avea de suferit în cazul unor astfel de măsuri, iar recâș tigarea acestei încrederi se va dovedi a fi foarte dificilă.

Faptul că Shiba Inus profită de orice excepț ie de la regulă ș i testează în mod repetat consecvenț a stăpânului lor nu se datorează, desigur, faptului că aceste animale au ceva rău intenț ionat în ele.

Mai degrabă, tăria de caracter tipică acestei rase este cea care asigură că, dacă îi oferiț i această oportunitate, câinele va prelua el însuș i conducerea.

Cunoscătorii altor rase de câini sunt probabil familiarizaț i cu mentalitatea de "voinț ă de a fi mulț umit" a prietenilor lor cu patru picioare. Tradus, aceasta înseamnă: Câinele vrea să-ș i mulț umească stăpânul. Vrea să fie lăudat ș i aceasta este cea mai mare motivaț ie a sa pentru a se supune. Un Shiba Inu, pe de altă parte, nu acceptă pur ș i simplu ș i nu preia fiecare comandă pe care încercaț i să îl învăț aț i. De fapt, el cântăreș te dacă consideră că această comandă are sens ș i merită.

Cel mai mare succes se obţ ine prin învăţ area comenzii de către Shiba Inu într-un mod sensibil, astfel încât acesta să înţ eleagă semnificaţ ia din spatele ei. Răbdarea este, prin urmare, un factor decisiv în educaţ ia unui Shiba Inu.

Ce este antrenamentul cu clicker?

Dresajul cu clicker este o metodă bună de dresaj care îndeplineş te cerinţ ele rasei de câini japonezi. În SUA, dresajul cu clicker face parte integrantă din dresajul câinilor de zeci de ani, nu numai pentru Shiba Inus. Ş i în Germania, această metodă este folosită din ce în ce mai mult, deoarece se răspândeş te vorba despre potenţ ialul ş i eficienţ a ei. Principiul este, în principiu, destul de simplu: comportamentul dorit pe care îl manifestă câinele este recompensat rapid ş i clar. În acest fel, comportamentul este asociat cu ceva pozitiv ş i motivaţ ia de a-l repeta creş te pentru prietenul cu patru picioare. Dresajul cu clicker este, aş adar, un dresaj bazat pe recompensă. O acţ iune dorită asigură câinelui o recompensă, fie că este vorba de o recompensă sub formă de recompensă sau de un joc.

Dacă vă amintiţ i afirmaţ ia din secţ iunea anterioară - Shiba Inu cântăreş te dacă ascultarea unei comenzi este benefică - devine rapid clar de ce dresajul cu clicker este deosebit de potrivit pentru dresajul acestei rase.

Dar de ce se numeş te, de fapt, formare clicker? Clickerul este un mic dispozitiv care este folosit în această metodă de dresaj. În mod obiş nuit, vă puteţ i imagina funcţ ia sa după cum urmează: Apăsaţ i un buton sau o filă de metal ş i se aude un clic. Un astfel de dispozitiv nu este absolut necesar pentru acest tip de dresaj. Orice alt sunet care este declanş at în mod specific în situaţ ia dorită este la fel de eficient, indiferent de ce este: un fluier, o bătaie de palme sau un ton scurt de mesaj redat de pe un telefon mobil. Important este ca câinele să se conecteze cu acest sunet: Ceea ce fac în acest moment este bun ş i înseamnă că sunt recompensat!

Dar cum ş tie prietenul cu patru picioare că acel clic este ceva pozitiv? Oricât de inteligenţ i ar fi Shiba Inus, în mod natural nu realizează singuri acest lucru. Să stai în picioare ş i să-i spui animalului: "Dacă auzi clicul, atunci faci ceva bine", desigur, nu va ajuta deloc. Trebuie să învăţ aţ i animalul acest fapt într-un mod practic.

Antrenamentul cu clicker utilizează condiţ ionarea clasică. Dacă acest termen nu vă spune nimic, poate că vă va spune ceva termenul "câinele lui Pavlov". Profesorul rus Ivan Petrovici Pavlov a realizat un experiment la începutul secolului XX în care a produs un stimul acustic cu ajutorul unui clopoţ el în prezenţ a câinilor săi. La început, acest sunet nu a avut niciun efect asupra animalelor, deoarece nu avea nicio semnificaţ ie specială pentru ele, era doar un zgomot ca oricare altul. Apoi, Pavlov a început să-ş i hrănească câinii imediat după ce auzea sunetul clopoţ elului. După ce primeau hrana, câinii începeau să saliveze. Pavlov a repetat acest lucru pe o perioadă mai lungă de timp. După un timp, el a sunat doar clopoţ elul, dar nu le-a oferit animalelor hrana imediat după aceea. Cu toate acestea, câinii au început să saliveze chiar dacă nu li s-a dat mâncare, deoarece învăţ aseră că sunetul clopoţ elului = mâncare.

Pentru a rezuma încă o dată: Simplul sunet al unui clopoţ el nu are nicio semnificaţ ie pentru un câine prin natura sa. Cu toate acestea, este posibil să antrenăm animalul să aibă un reflex condiţ ionat prin asocierea imediată a unui sunet cu o consecinţ ă. Chiar dacă acest reflex este dresat, odată dresat, el nu poate fi suprimat mai mult decât un reflex înnăscut. Experimentul lui Pavlov este doar un exemplu al acestui fenomen. De altfel, el nu apare doar la animale, ci ş i la oameni, ş i nu întotdeauna doar în mod intenţ ionat.

Imaginează-ţ i că mănânci mâncarea ta preferată ş i mănânci atât de mult încât după aceea ai o greaţ ă severă care durează câteva zile. Este foarte posibil ca, data viitoare când veţ i avea în faţ ă mâncarea preferată, să vă simţ iţ i automat greţ uri. Din nou, ţ ineţ i cont de acest lucru atunci când vine vorba de dresajul Shiba Inu-ului dumneavoastră, fie că este vorba de dresajul cu clicker sau de alte metode: Asociaţiile negative prind rădăcini la fel de mult ca şi cele pozitive.

Poate că acum vă gândiţi: Toate bune şi frumoase, dar nu obţin acelaşi efect dacă îmi recompensez pur şi simplu Shiba Inu pentru un comportament dorit cu o recompensă, fără să-l antrenez mai întâi să facă legătura pozitivă cu un sunet de clic? În principiu, acest lucru este corect. Cu toate acestea, dificultatea cu acest mod "simplu" de recompensare este că momentul potrivit se poate dovedi foarte dificil.

Exemplu: După cum s-a menţionat de mai multe ori, Shiba Inus are un puternic instinct de vânătoare. În timpul plimbărilor veţi experimenta că animalelor le place să se plimbe în faţa dumneavoastră, în spatele dumneavoastră sau la câţiva metri de dumneavoastră, dar nu vă acordă neapărat atenţie şi cu siguranţă nu merg la călcâie, aşa cum ar fi de dorit în anumite situaţii. Cu toate acestea, se poate întâmpla ca Shiba Inu să se afle într-o poziţie chiar lângă dumneavoastră timp de una sau două secunde, ceea ce ar putea fi interpretat ca fiind "mers pe călcâie". Acum puteţi scotoci frenetic în buzunar după o recompensă, îl lăudaţi rapid şi îi daţi recompensa. Cu toate acestea, este probabil ca Shiba Inu să fie la câţiva metri depărtare în momentul în care lauda va ajunge la el şi nu va putea face legătura între "mersul alături de proprietar" şi "recompensă".

Dacă aţi lucrat deja cu clickerul sau cu un alt sunet clar şi scurt, totul funcţionează după cum urmează: Shiba Inu se plimbă lângă tine pentru un scurt moment, iar tu foloseşti exact acest moment pentru a activa clickerul. Pentru Shiba Inu este clar: ceea ce fac este bine şi voi fi recompensat pentru asta. Mai simplu spus: sincronizarea corectă este mult mai uşoară şi mai puţin stresantă cu ajutorul dresajului cu clicker!

În practică, antrenamentul cu clicker arată acum astfel: Îţi îndrepţi întreaga atenţie către Shiba Inu şi activezi clickerul. Imediat după aceea îi dai câinelui o recompensă. Este important să faceţi acest lucru *imediat* şi de fiecare dată în timpul fazei iniţiale de dresaj. Acesta din urmă este deosebit de important în cazul Shiba Inus, deoarece, aşa cum am menţionat deja, consecvenţa este cea mai importantă pentru aceste animale - atât în antrenamentul cu clickerul, cât şi în aplicarea regulilor. În plus, se spune în principiu: Conexiunea dintre o acț iune ș i o reacț ie trebuie făcută în decurs de o secundă în dresajul câinilor, altfel animalul nu va fi capabil să facă o conexiune clară. Repetaț i această procedură - clic-recompensă - de aproximativ douăzeci până la treizeci de ori la rând, cu plăcere, de asemenea, încă o dată a doua zi. Inteligentul Shiba Inu va înț elege foarte repede semnificaț ia sunetului, ceea ce creează baza pentru dresajul cu clicker. Acum, această tehnică poate fi folosită în viaț a de zi cu zi, în tot felul de situaț ii în care doriț i să îl învăț aț i pe Shiba Inu un comportament dorit.

Figura 4: Antrenamentul cu clicker

Antrenat la domiciliu

Shiba Inus sunt cunoscuț i pentru curăț enia lor aproape asemănătoare cu cea a pisicilor. Acest lucru duce ș i la faptul că, atunci când sunt pui, îşi fac nevoile doar la o distanţă mare de locul de dormit. Acesta este un bun punct de plecare pentru a învăţa câinele să fie dresat în casă.

În rest, procedura nu este diferită de cea pentru alte rase de câini: Shiba Inu se va face cunoscut atunci când simte nevoia să-şi facă nevoile. Acest lucru poate fi subtil la început, aşa că va trebui să îi urmăriţi cu atenţie comportamentul pentru a vedea când devine agitat. Câinele vă poate îmbrânci, poate face zgomote sau poate sta la uşă şi împinge. Pentru el, acesta este un mijloc de comunicare pe care stăpânul îl înţelege de obicei şi, atunci când manifestă un astfel de comportament, ar trebui să fie lăudat pentru asta.

În cazul în care se întâmplă un incident în casă, se aplică acelaşi lucru ca şi în cazul recompensării comportamentului corect: Stăpânul are la dispoziţie o perioadă scurtă de timp pentru a-i spune lui Shiba Inu că acest comportament este dezirabil - acest lucru înseamnă să îl dojenească pe câine pe un ton strict.

Nu împingeţi niciodată nasul câinelui în urină sau fecale, aşa cum se recomanda adesea în ghidurile învechite! Shiba Inu nu va face legătura între a-şi face *treburile în casă* şi un *comportament nedorit şi* singurul lucru care îi rămâne în minte este că stăpânul său îi face lucruri pe care el însuşi le consideră chinuitoare!

În principiu, acest lucru ar trebui să fie respectat: Chiar dacă Shiba Inu îşi face treaba în prezenţa dumneavoastră în casă, nu trebuie să treceţi linia subţire dintre mustrarea strictă şi pedeapsa severă. Este foarte posibil ca Shiba Inu să nu mai îndrăznească să îşi facă nevoile deloc în prezenţa proprietarului, deoarece este asociat cu mustrarea. Problema devine rapid clară aici: dacă sunteţi afară cu câinele, în mod natural sunteţi întotdeauna aproape de el. Cu toate acestea, dacă Shiba Inu a internalizat faptul că va fi certat de stăpân pentru că îşi face nevoile, nu va da drumul nici măcar afară, ci va căuta în schimb colţuri din apartament unde excrementele sale nu sunt descoperite imediat.

Încă o dată, puteţi să-i spuneţi lui Shiba Inu că comportamentul său este nedorit atunci când îşi face nevoile în casă. Cu toate acestea, acest lucru trebuie făcut sub forma unei strict eţe clare şi nu prin strigăte puternice sau prin apăsarea nasului în urină, aşa cum s-a descris mai sus.

Practic, acelaş i lucru se aplică la dresajul în casă ca ş i la dresajul lui Shiba Inu în general: Recompense în loc de pedepse. Dacă Shiba Inu îş i face nevoile afară, lăudaţ i-l pentru asta. Arătaţ i-i că a făcut ceva bine, el îş i va aminti acest lucru ş i îl va repeta.

Dacă găsiţ i o grămadă sau o băltoacă în casă, îndepărtaţ i-o fără a intra mai mult în ea. Câinele nu ar recunoaş te o legătură, deoarece a trecut deja prea mult timp. Acum, s-ar putea să se dovedească faptul că toate acestea nu sunt atât de uş oare pe cât ar putea părea la început. Este foarte posibil să apară dificultăţ i care iniţ ial se dovedesc inexplicabile ş i de nerezolvat.

Un exemplu popular este acela că Shiba Inu se dezlănţ uie în apartament chiar dacă tocmai a ieş it la plimbare. Acest lucru poate părea paradoxal, deoarece tocmai aţ i scos câinele afară ş i l-aţ i lăudat pentru că ş i-a făcut treaba acolo. Cum se poate ca el să fie în continuare liber în apartament? Mai ales când este un animal tânăr, lumea de afară este încă incredibil de nouă ş i de interesantă. Mirosuri, zgomote, alţ i câini, toate aceste lucruri curg în flux ş i atrag atenţ ia câinelui. Acum este foarte posibil ca Shiba Inu să uite de nevoia de a-ş i face nevoile în mijlocul tuturor acestor impresii. Când se întoarce în casa sa familiară ş i este calm, îş i amineş te ş i îş i face treaba acum. Prin urmare, este util să nu umpleţ i o plimbare exclusiv cu acţ iune. Chiar dacă Shiba Inu are nevoie de multă miş care ş i activitate, găsiţ i un loc liniş tit unde puteţ i să-i acordaţ i câinelui timp să se relaxeze puţ in, să se aranjeze ş i să se ocupe de nevoile sale naturale.

Este un lucru pe care ar trebui să îl reţ ineţ i întotdeauna: calmul este esenţ ial atunci când vă antrenaţ i câinele pentru a fi educat în casă. De asemenea, nu există niciun motiv pentru a fi nerăbdător dacă această etapă a dresajului durează puţ in mai mult. A deveni neliniş tit după doar o săptămână, deoarece căţ elul încă îş i face treburile în casă din când în când, nu numai că nu este necesar, dar este ş i contraproductiv, deoarece această nerăbdare din partea stăpânului poate duce rapid la transferarea tensiunii către Shiba Inu.

Există diverse ajutoare care pot fi folosite pentru a promova educaţ ia în casă a lui Shiba Inu:

Ziare: Adesea se recomandă să se tapeteze un colț al casei cu ziare și să se învețe câinele să-și facă nevoile acolo. În acest caz, Shiba Inu dumneavoastră va asocia ziarul cu faptul că își face nevoile și va merge în acel loc anume pentru a defeca. În acest fel, este de asemenea posibil să îl motivați să își facă nevoile afară prin așezarea de ziare.

Toaleta pentru câini: Toaletele pentru câini funcționează după un principiu similar. Aici, câinele este de asemenea învățat să își facă nevoile doar într-un anumit loc din casă. Spre deosebire de toaletele pentru pisici, însă, toaletele pentru câini nu sunt umplute cu nisip, ci au o podea care seamănă cu solul natural, cum ar fi iarba. În acest fel, cățelul Shiba se obișnuiește cu acest tip de suprafață într-un mediu familiar și liniștit și, de asemenea, o asociază cu a-și face nevoile afară, atunci când iese la plimbare.

Cutia: O cutie poate fi folosită în două moduri în procesul de dresaj. În primul rând, poate fi folosită într-un mod similar cu o toaletă pentru câini, astfel încât Shiba Inu să învețe să-și facă nevoile în ea. Este util să acoperiți suprafața cu iarbă, de exemplu, pentru a obține efectul de obișnuință menționat mai sus. Dar este de asemenea posibil să folosiți cutia în acest scop - să puneți Shiba Inu în ea noaptea. Ideea din spatele acestui lucru este următoarea: câinele nu poate părăsi singur cutia, ci are nevoie de ajutorul stăpânilor săi. Deoarece câinii nu își părăsesc locul de dormit, trebuie să se facă remarcați pentru ca stăpânul lor să îi scoată din cutie și să iasă afară cu ei. Acest lucru împiedică animalul să își facă nevoile în casă pe timpul nopții. Totuși, această metodă are și dezavantaje: în funcție de cât de profund este somnul și de locul în care ați ezat cutia cu Shiba Inu, este posibil ca câinele să fie nevoit să se văicărească foarte mult timp până când, în cele din urmă, va exista o reacție. În caz de dubiu, el se va desprinde și din cutie, deoarece nu se poate ține pe sine la nesfârșit. Practic, o astfel de cutie este asociată cu stresul pentru Shiba Inu.

Tampoane: Tampoanele sunt tampoane absorbante care pot fi folosite pentru a căptuși anumite părți ale casei sau chiar o cutie pentru a facilita curățarea. Aceste tampoane trebuie înlocuite și eliminate în mod regulat.

Produse de curăţ are pe bază de enzime: Produsele de curăţ are pe bază de enzime pot fi folosite adesea ş i ca produse de curăţ are universale, dar sunt special concepute pentru îndepărtarea fecalelor, a urinei, a vomei sau pentru curăţ area toaletei câinelui. Enzimele ş i bacteriile probiotice conţ inute în detergent asigură, de asemenea, eliminarea mirosurilor.

Mai multe sfaturi şi trucuri:

Ca o chestiune de principiu, câinii nu se dezmorţ esc în apropierea locului de hrănire. Puteţ i profita de această caracteristică, mai ales dacă Shiba Inu are un loc anume în casă unde îş i face treaba din când în când: Împrăş tiaţ i bucăţ i din hrana sa în locul potrivit ş i lăsaţ i-l pe Shiba Inu să o caute ş i să o mănânce.

Se recomandă adesea să scoateţ i căţ elul afară la fiecare două ore. Cu toate acestea, acest lucru este util doar într-o măsură limitată, deoarece acest ritm nu corespunde cu cel al fiecărui câine. Regularitatea este importantă, mai ales în timpul zilei, în timp ce Shiba Inu va fi mai deranjat de trezirea frecventă pe timp de noapte ş i se va putea opri mult mai mult timp în acest moment. Cu toate acestea, ar trebui să aflaţ i singuri care este ritmul potrivit acum pentru animalul dumneavoastră.

De asemenea, în exterior, poate fi util să mergeţ i mereu în acelaş i loc pentru a vă face afacerile. Dacă Shiba Inu vă semnalează că trebuie să plece, faceţ i câţ iva paş i afară cu el, întotdeauna în acelaş i loc. Acest lucru are ş i avantajul că, în curând, căţ elul va cunoaş te bine acest loc ş i nu va mai fi atât de distras de mirosuri sau alte impresii.

În general, căţ eii trebuie să fie eliberaţ i mai des decât animalele adulte. Punctele critice în care este cel mai bine să vă scoateţ i Shiba Inu afară sunt după ce mâncaţ i, după ce vă jucaţ i ş i după ce vă treziţ i.

Se poate întâmpla ca Shiba Inu adultul dumneavoastră, care a fost dresat anterior în casă, să înceapă să urineze în apartament. Din nou, acest lucru nu este din pură răutate, dar există motive în spatele acestui lucru. De exemplu, poate exista o boală, cum ar fi probleme renale, boli ale vezicii urinare, diabet sau incontinenţ ă. Prin urmare, în caz de îndoială, ar trebui să consultaţ i un medic veterinar. Dar motivele psihologice pot fi, de asemenea, motivul pentru care Shiba Inu pare să fi uitat brusc cum să fie dresat în casă. Se poate întâmpla pur ș i simplu să vrea atenț ie. Dacă stăpânul descoperă o băltoacă ș i îl ceartă după aceea, animalul, aș a cum am menț ionat deja, nu va face o legătură, dar ceea ce rămâne este că primeș te atenț ie. De asemenea, dacă Shiba Inu, care este un animal mai degrabă teritorial prin natura sa, trebuie brusc să îș i împartă casa cu alte animale, ar putea dori să protesteze în acest fel. Absenț ele îndelungate ale stăpânului pot fi, de asemenea, un factor declanș ator - nu doar pentru că Shiba Inu trebuie să aș tepte prea mult timp pentru o plimbare, ci ș i din cauza stresului asociat cu această separare. O schimbare în rutina zilnică poate declanș a, de asemenea, un astfel de stres.

Pe scurt, se poate spune: Dacă Shiba Inu nu mai este brusc dresat în casă, cauzele trebuie cercetate ș i eliminate.

Rămânând singur

Să începem prin a spune: niciunui câine nu-i place să fie singur, mai ales pentru o perioadă lungă de timp. Un fel de regulă de bază spune că nu ar trebui să vă lăsaț i câinele singur mai mult de patru ore ș i că nici aceasta nu ar trebui să fie regula. Dacă, din motive profesionale sau de altă natură, nu sunteț i în măsură să petreceț i o perioadă de timp adecvată pentru a vă îngriji animalul de companie, ar trebui, în general, să vă abț ineț i de la cumpărarea unui câine!

Un Shiba Inu nu va avea nicio problemă în a fi singur în mod regulat. Acest lucru poate părea pozitiv la început, dar nu este aș a. Aș a cum am menț ionat deja, aceș ti câini au un caracter foarte puternic, precum ș i independenț ă, iar dacă îi lăsăm singuri în mod regulat, ne vom asigura că aceste caracteristici ale lui Shiba Inu se vor dezvolta ș i mai mult.

Ca urmare, va dezvolta o independenț ă puternică, va avea tendinț a de a nu vă asculta comenzile ș i de a-ș i face propriile lucruri. Faptul că este singur înseamnă că trebuie să se ț ină ocupat - ș i poate face asta. Odată ce vă veț i întoarce acasă, nu va vedea de ce ar trebui să vă asculte din nou brusc.

În special căț eii au nevoie de un contact strâns cu îngrijitorii lor ș i nu ar trebui să fie lăsaț i singuri prea mult timp.

Bineînț eles, toate acestea nu înseamnă că nu vă puteț i învăț a Shiba Inu să stea singur pentru a vă putea face comisioanele sau pentru a merge la întâlniri. Doar că nu ar trebui să devină o regulă zilnică! Dacă nu ai posibilitatea de a-ț i lua Shiba Inu cu tine la serviciu ș i, prin urmare, ar trebui să îl laș i singur ore întregi în fiecare zi, atunci nu ar trebui să îț i iei un astfel de câine.

Îl înveț i pas cu pas pe căț elul tău Shiba să stea singur. Este necesar să nu arătaț i emoț ii exuberante: Să-ț i laș i câinele singur ar trebui să fie ceva ce câinele tău consideră de la sine înț eles. Cuvintele de milă sau cuvintele de adio sau de salut reconfortante sunt contraproductive ș i chiar pot face câinele să se simtă vinovat.

În prima etapă a dresajului, proprietarul părăseș te camera în care se află Shiba Inu ș i închide uș a în urma lui. El rămâne tăcut, astfel încât câinele să nu-l audă. După aproximativ zece minute, proprietarul se întoarce în cameră, abț inându-se de la reuniuni exagerate. Numai în acest fel Shiba Inu înț elege că a fi singur este ceva natural.

În etapa următoare, proprietarul nu părăseș te doar camera, ci ș i casa. Ș i acolo ascultă cum reacț ionează câinele. Shiba Inus nu sunt câini care latră mult, aș a că nu va fi cazul acum. Cu toate acestea, se poate auzi un scâncet sau un scâncet sau chiar celebrul "strigăt Shiba" cu care animalul vrea să-ș i facă cunoscută nemulț umirea faț ă de situaț ie.

Perioada de timp în care Shiba Inu este lăsat singur este acum crescută treptat. Câinii nu au un simț puternic al timpului, aș a că nu veț i observa diferenț a dintre treizeci de minute ș i trei ore.

Practic, este o idee bună să trimiteț i Shiba Inu la locul său de dormit în timpul absenț ei proprietarilor. Acesta ar trebui să fie într-un loc liniș tit, cu puț ine distrageri. De exemplu, nu este util ca acest loc să fie amplasat într-un loc în care Shiba Inu poate privi tot timpul o stradă aglomerată, deoarece cu greu va ajunge să se odihnească în acest fel.

Desigur, chiar ș i cu o dresură optimă, Shiba Inu nu va sta neapărat tot timpul în coș ul sau pe pătură, ci va alerga ș i prin apartament ș i va explora totul. Prin urmare, este important să se elimine posibilele surse de pericol pe care animalul s-ar putea răni. Ochelarii care s-ar putea sparge dacă sunt scăpaț i ar trebui să fie puș i în afara razei de acț iune, la fel ca ș i obiectele mici cu care Shiba Inu s-ar putea sufoca. Acelaș i lucru este valabil ș i pentru pungile de plastic, care ar putea provoca sufocare. Ferestrele, în special cele de la etajele superioare, ar trebui să fie închise - altfel, curiozitatea ș i instinctul de vânătoare al lui Shiba Inu îl pot face să cadă cu uș urinț ă. Ar trebui să fie de la sine înț eles că nu trebuie lăsată mâncare pe masă - altfel este foarte probabil să nu mai rămână nimic din ea când proprietarul se întoarce.

De asemenea, este important să se asigure apă. Dacă Shiba Inu se simte însetat ș i îș i dă seama că nu există apă disponibilă ș i nu are cui să i-o dea, va asocia singurătatea cu stresul ș i o va considera neplăcută.

Sfat:
Unii câini suferă de anxietate de separare. În acest caz, este adesea util să puneț i în coș un tricou purtat. Mirosul familiar al stăpânului îi va da prietenului cu patru picioare un sentiment de siguranț ă ș i îi va asigura o mai mare relaxare.

Comenzi ş i pregătire pentru comenzi

Shiba Inus se bucură să înveţ e ş i vrea să fie provocat. Prin urmare, având în vedere metoda de dresaj potrivită, cum ar fi dresajul cu clickerul deja explicat, este foarte posibil să îi înveţ i tot felul de trucuri pentru a-i impresiona pe prieteni ş i pe alţ i proprietari de câini.

Totuş i, pe lângă aceste trucuri amuzante, există câteva comenzi pe care câinele trebuie neapărat să le cunoască pentru a-i uş ura traiul ş i pentru a-l proteja de pericole.

Stai jos!

Comanda "Ş ezi" este considerată baza absolută a dresajului canin. Atunci când Shiba Inu stă jos, se poate concentra mai bine, deoarece se află într-o stare de repaus, ş i, de asemenea, este mai uş or să îi captăm atenţ ia. În plus, este posibil să se înveţ e animalul să rămână aş ezat până când se dă o comandă de ş ezut, asigurându-se astfel că Shiba Inu aş teaptă într-un singur loc.

Pentru a-l aduce pe Shiba Inu în poziţ ia aş ezat, luaţ i o recompensă în mână. Arătaţ i-o câinelui, astfel încât să ş tie că o ţ ineţ i în mână. Apoi miş caţ i mâna cu răsfăţ ul în sus - atât de sus încât Shiba Inu să fie nevoit să ridice capul pentru a-l vedea, dar nu atât de sus încât să fie nevoit să sară pentru a-l atinge. Apoi miş caţ i-o încet înapoi deasupra capului său. Dacă Shiba Inu încearcă să sară după ea sau merge înapoi, comentaţ i cu un "nu" clar ş i repetaţ i procedura. Majoritatea câinilor vor trece foarte repede la aş ezat. Acum răsplătiţ i-l pe Shiba Inu cu răsfăţ ul, asigurându-vă că este încă aş ezat atunci când îl primeş te.

Figura 5: Semnalul vizual "Sit

În acest fel, căţelul învaţă comanda "Şezi!":

- Căţeluşii tineri care nu au avut încă experienţă cu exerciţiile de învăţare înţeleg foarte repede comenzile "Şezi" şi "Jos".
- Pentru "Şezi", luaţi o bomboană între degetul mare şi cel mijlociu.
- Mutaţi mâna cu mâncarea pe lângă nasul lui.
- De îndată ce fesele se mişcă spre sol, daţi comanda "Şezi!".
- În cazul în care căţelul stă jos, dar apoi încearcă să se ridice pe picioarele din spate, acest comportament trebuie oprit cu un "Nu" tăios.
- Când căţelul s-a aşezat, recompensa este dată imediat.
- Aşteptaţi mai mult de fiecare dată înainte de a-i oferi o recompensă.
- După câteva sesiuni de antrenament, rostiţi comanda "Şezi" fără a oferi o recompensă, deoarece căţelul ar trebui să răspundă doar la semnalul manual.

Bătându-vă coapsele sau bătând din palme, îi semnalizaţi căţeluşului că are voie să se ridice şi să vină. De asemenea, este important să reţineţi că în timpul dresajului căţeluşilor nu este importantă doar consecvenţa, ci şi mult calm. Nu ar trebui să se manifeste niciodată sentimente emoţionale puternice, nu ar trebui să se ţipe şi, mai presus de toate, nu ar trebui să se folosească violenţa.

Locul!

Comanda "Jos" este adesea asimilată cu culcarea câinelui. Cu toate acestea, este mai important ca el să facă acest lucru într-un anumit loc - adică să se ducă la "locul" său. Această comandă vă asigură că puteţi să-l trimiteţi pe Shiba Inu la o parte atunci când acesta se furişează din nou între picioarele dumneavoastră.

Încă de când este un căţeluş, îl puteţi învăţa pe Shiba Inu comanda "Jos". Atunci când stă întins în coşul său sau în alt loc, mângâiaţi-l şi repetaţi din nou şi din nou cuvântul "Jos". Acest lucru va da cuvântului o semnificaţie pozitivă pentru el.

În acest fel, căţelul învaţă comanda "Şezi!":

- Odată ce câinele s-a aşezat pe locul său sau pe pătură, îl puteţi mângâia în timp ce spuneţi "Şezi" de mai multe ori. În acest fel, el asociază cuvântul "stai" cu o experienţă pozitivă.

- De îndată ce observaţi căţelul este obosit, atrageţi-l în coşul său, de exemplu cu o recompensă. Dacă se întinde în coş, repetaţi cuvântul "Şezi".

- După ce aţi repetat acest exerciţiu pentru o perioadă de timp, următorul pas este să încercaţi să trimiteţi căţelul la pătură sau la coşul său doar spunând cuvântul "stai". Dacă acest lucru se întâmplă fără alte probleme, atunci se cuvine o mare laudă.

Figura 6: Semnul vizual "Place

Puncte importante:

- Căţ eii tineri care nu au avut încă experienţ a învăţ ării internalizează foarte repede comenzile "stai" ş i "jos".
- Pe baza comenzii "Ş ezi!", puteţ i exersa comanda "Jos!" atunci când vă antrenaţ i cu căţ elul.

Opreş te-te!

Halt" îl face pe Shiba Inu să se oprească ş i să aş tepte până când primeş te comanda pentru a se putea miş ca din nou. Acest lucru este deosebit de important mai ales atunci când vă aflaţ i în locuri periculoase, cum ar fi un drum, unde animalul ar putea ajunge rapid în pericol.

Pentru a-l învăţ a pe Shiba să aş tepte, este util ca acesta să fi stăpânit deja comenzile "Ş ezi" ş i "Jos". Faceţ i-l pe Shiba Inu să se aş eze cu "Ş ezi" ş i, pas cu pas, îndepărtaţ i-vă încet de el ş i spuneţ i clar "Stai!". Înainte ca Shiba Inu să aibă ocazia să sară ş i să vă urmeze, întoarceţ i-vă la el ş i recompensaţ i-l cu o recompensă. Creş teţ i încet distanț a. Privirea trebuie să fie pe Shiba Inu în timpul antrenamentului, astfel încât să observaț i când se ridică ș i începe să se miș te.

Du-te!

Comanda "Continuă" poate fi folosită ca un semnal de eliberare pentru a încheia poziț ia "Ș ezi", "Jos" sau "Stai" a lui Shiba Inu.

Picior!

Atunci când Shiba Inu este la călcâi, plimbarea cu el este mult mai relaxată. Mai ales în centrele oraș elor cu trotuare înguste ș i aglomeraț ie de oameni, este adesea necesar să îl ț ineț i pe Shiba Inu aproape de dumneavoastră. Este un avantaj dacă acest lucru se poate face doar prin comanda "la călcâi", deoarece se evită tragerea de lesă ș i, astfel, presiunea ș i stresul.

Shiba Inu poate fi învăț at să "calce pe călcâie" bine cu ajutorul antrenamentului cu clicker: Dacă se află lângă dumneavoastră în poziț ia dorită în timpul plimbării, faceț i clic, spuneț i clar "heel" ș i daț i-i o recompensă.

Aici!

Spunând "Aici", Shiba Inu este rugat să se întoarcă la stăpânul său de la o distanț ă mai mare. Chiar dacă membrii acestei rase adesea nu pot fi plimbaț i deloc fără lesă, este totuș i util să stăpâniț i această comandă.

Pentru a exersa comanda "Aici", este benefic să vă aflaț i într-un mediu care oferă puț ine distrageri. O a doua persoană este, de asemenea, utilă. Această a doua persoană îl ț ine acum pe Shiba Inu în timp ce vă îndepărtaț i de el cu o recompensă în mână. La început, distanț a nu trebuie să fie prea mare! Acum spuneț i-i "Aici". În special căț eii au încă instinctul de urmărire ș i vor veni la dumneavoastră, pentru câinii mai în vârstă, recompensa va crea stimulentul necesar. Odată ce Shiba Inu a ajuns, recompensa urmează imediat.

Notă: Este mai bine să vă ghemuiț i ș i să vă "faceț i mic" atunci când chemaț i câinele la dumneavoastră. Aplecarea deasupra câinelui este ameninț ătoare pentru animal ș i provoacă stres!

De asemenea: Dacă comanda "Aici" este folosită doar pentru a-l lega din nou în lesă pe Shiba Inu sau pentru a opri un comportament care îi place, acesta va asocia rapid această comandă cu un sentiment negativ. Din nou, cântărirea beneficiilor ar asigura faptul că Shiba Inu nu va mai asculta această comandă.

Aş a înveţ i câinele să se întoarcă:

- Chemaţ i căţ elul la dumneavoastră atunci când nu există aproape nicio distragere a atenţ iei. Dacă acesta se uită apoi spre stăpânul său, repetaţ i comanda. Ar trebui să vă ghemuiţ i astfel încât să vă aflaţ i la nivelul ochilor animalului. Atunci când tânărul câine s-a întors, trebuie să-l lăudaţ i exuberant. Dacă doriţ i, îi puteţ i oferi ş i dulciuri. În acest fel, căţ eii învaţ ă să se întoarcă în siguranţ ă.

- În cazul în care căţ elul refuză să se întoarcă sau fuge, nu trebuie să îl certaţ i sau să alergaţ i după el. În acest fel, el învaţ ă că este mai rapid decât stăpânul său ş i poate încerca acest lucru din nou ş i din nou. O reţ etă veche este să vă întoarceţ i pur ş i simplu ş i să mergeţ i în altă direcţ ie. Majoritatea căţ eilor îş i dau seama rapid că îngrijitorul lor nu mai este acolo ş i atunci aleargă după el. Când căţ elul a ajuns în cele din urmă, trebuie lăudat ş i puteţ i oricând să spuneţ i comanda cu voce tare.

- Dacă revenirea nu funcţ ionează după un timp, o linie de tragere poate fi de ajutor. Acest lucru îi împiedică pe căţ ei să se pună singuri într-o situaţ ie periculoasă ş i, de asemenea, să îi pună în pericol pe ceilalţ i. Cu linia de tragere se procedează la fel ca în cazul celor două exerciţ ii anterioare. Avantajul, însă, este că aveţ i în permanenţ ă controlul câinelui ş i îl puteţ i aduce înapoi, dacă este necesar, în cazul în care acesta nu vrea să asculte comanda. Cu o uş oară tragere de lesă, îi semnalizaţ i căţ elului ce doriţ i să facă. Dar aveţ i grijă: nu trageţ i niciodată ferm de lesă ş i de câinele mic pentru a-l aduce înapoi. Există atunci pericolul ca, odată ce a scăpat de lesă, să nu se mai întoarcă.

Opreş te-te!

În cazul în care Shiba Inu este supraexcitat, se joacă prea sălbatic sau sare la oameni pentru a-i saluta, i se poate semnala cu un "Stop" clar că trebuie să întrerupă acţ iunea curentă. Comanda "Stop" poate fi antrenată bine în propria grădină. Pentru început, atrageţ i-l pe Shiba Inu la dumneavoastră cu o recompensă. Când vine la dumneavoastră, primeş te răsfăţ ul ş i este lăudat din belş ug. Acum mergeţ i mai departe, fără să comentaţ i sau să mai acordaţ i atenţ ie câinelui, până la capătul grădinii ş i apoi înapoi. Dacă între timp Shiba Inu dvs. este distras între timp, repetaţ i primul pas pentru a-i atrage din nou atenţ ia. Repetaţ i acest lucru de trei sau patru ori.

Următorul pas este să ţ ineţ i răsfăţ ul în sus cu mâna întinsă - acest gest devine astfel ş i gestul pentru această comandă - ş i, atunci când Shiba Ibu vine în fugă spre dumneavoastră, aruncaţ i-l peste el, astfel încât să aterizeze pe pământ în spatele lui. Prietenul dumneavoastră cu patru picioare nu se va fi aş teptat la acest lucru, aş a că, în mod ideal, se va opri brusc din alergat ş i se va întoarce să ia răsfăţ ul. Acest lucru se continuă de mai multe ori: uneori îi daţ i lui Shiba Inu răsfăţ ul din mână, alteori îl aruncaţ i peste el pe jos. Acest lucru îl împiedică pe intcligentul animal să recunoască un model ş i să se adapteze la situaţ ie.

După câteva repetări, Shiba Inu se va opri deja din proprie iniţ iativă din alergare pentru a vedea cum va primi răsfăţ ul de data aceasta. Acesta este momentul în care îl puteţ i familiariza cu comanda "Stop", pe care o strigaţ i întotdeauna chiar înainte de a se opri.

De îndată ce acest pas funcţ ionează bine, amânaţ i momentul în care aruncaţ i din ce în ce mai multe recompense după ce vă opriţ i. În acest fel, Shiba Inu învaţ ă să se oprească mai mult timp.

Comanda de oprire este mai eficientă atunci când este urmată imediat de "stai" sau "jos". Un câine care stă în picioare este încă destul de susceptibil la distrageri.

Nu!

În cazul comenzii "Nu", consecvenţ a joacă din nou un rol important. Cu "Nu" îi spune clar lui Shiba Inu că comportamentul pe care îl manifestă în prezent este dezirabil. Este important să reţ ineţ i că câinele reacț ionează mai bine la un ton de voce profund ș i mai întunecat decât la unul strident. Probabil că tonul întunecat al vocii are un efect atât de ameninț ător asupra lui încât îș i întrerupe automat comportamentul, de exemplu, dând drumul la pantoful pe care îl mestecă. Dacă face acest lucru, urmează laudele ș i, astfel, confirmarea faptului că această reacț ie a fost importantă. Dacă o astfel de confirmare pozitivă ar fi omisă, este foarte posibil ca Shiba Inu să continue cu acest comportament, ceea ce ar duce la frustrare de ambele părț i.

Consecvenț a aici înseamnă, de asemenea: Toț i membrii familiei trebuie să fie de acord cu ceea ce are voie să facă Shiba Inu ș i ce nu!

Un sfat: Cuvântul "nu" este adesea folosit de noi în viaț a de zi cu zi, ceea ce poate duce la confuzie ș i frustrare pentru Shiba Inu. În plus, pronunț area lui "Nu" în sine este destul de uș oară, ceea ce contrazice efectul dorit. Prin urmare, este o idee bună să folosiț i în schimb cuvântul englezesc "No".

Opreș te-te!

"Off" este o comandă care poate fi salvatoare pentru Shiba Inu. Scopul aici este de a face câinele să deschidă gura la comandă ș i să dea drumul la ceva ce ț ine în ea. Acest lucru este deosebit de important în cazul lucrurilor otrăvitoare sau ascuț ite. Dar această comandă este utilă ș i în cazul jocurilor cu mingea sau al altor jocuri de recuperare.

Această comandă poate fi învăț ată foarte bine de Shiba Inu într-un mod jucăuș . Luaț i o jucărie ș i puneț i câteva dulciuri în buzunar. Este deosebit de important pentru Shiba Inu: În final, dulciurile trebuie să i se pară mai atractive decât jucăria, pentru că el va cântări ceea ce i se pare mai satisfăcător, aș a cum am menț ionat mai sus. Acum începeț i să vă jucaț i cu Shiba Inu ș i daț i-i jucăria lui. Atunci când o ț ine în bot, îi atrageț i atenț ia ș i îi prezentaț i o recompensă. Pentru a obț ine aceasta, câinele va da probabil drumul la jucăria sa. În momentul în care o face, spuneț i clar "Jos!" ș i recompensaț i-l imediat cu recompensa.

Figura 7: Semnalul vizual "oprit

Ochi!

A fi capabil să stabileş ti contactul vizual cu Shiba Inu la comandă poate fi de ajutor în multe situaţ ii. Astfel, este mai uş or să antrenaţ i alte comenzi, deoarece atrageţ i atenţ ia animalului. Dar poate fi folosit ş i pentru a abate privirea câinelui de la sursele de pericol, de la consătenii care latră sau de la lucruri care îl sperie.

Joc de câini e

Shiba Inu este o rasă de câine care are nevoie să fie ţinut ocupat, are nevoie de multă mişcare şi vrea să fie provocat. Există multe modalităţi diferite de a face acest lucru, sub forma unor jocuri provocatoare sau a unor sporturi canine.

Unii Shiba Inus se bucură deja să îşi însoţească stăpânii atunci când fac jogging sau merg cu bicicleta. În mod normal, animalele filiforme nu au probleme în a ţine ritmul datorită condiţiei lor legate de rasă. Unele animale se bucură, de asemenea, de binecunoscutul sport canin agility. Acesta presupune ca câinele şi stăpânul să concureze împreună într-o cursă cu obstacole, unde este esenţială o bună cooperare între om şi animal. De asemenea, este important ca Shiba Inu să fie în formă fizică, să fie în principiu compatibil din punct de vedere social şi să aibă o bună ascultare de bază.

Figura 8: Shiba Inu sărind peste o săritură dublă

De asemenea, Shiba Inu poate fi ţinut ocupat acasă cu diverse jocuri. O modalitate de a face acest lucru este cu jocuri de nas. În linii mari, acest termen se referă la toate tipurile de activităţi care folosesc simţul fin al mirosului al lui Shiba Inu. Acesta este promovat la fel de mult ca şi concentrarea şi rezistenţa câinelui.

Există mai multe opţiuni în acest sens. De exemplu, puteţi juca cu el "memoria mirosului". Aici puneţi trei recipiente - de exemplu, pahare de plastic sau ghivece de flori - unul lângă altul. Avantajul ghivecelor de flori este că au găuri prin care mirosul este mai uşor de mirosit. Aşezaţi o recompensă sub unul dintre vase. Acum lăsaţi-l pe Shiba Inu să adulmece ghivecele şi recompensaţi-l cu un cuvânt de semnalizare sau cu clickerul atunci când adulmecă pentru o perioadă lungă de timp ghiveciul sub care este plasată recompensa. Ridicaţi repede vasul, astfel încât câinele dumneavoastră să primească imediat recompensa. Acest joc poate fi, de asemenea, extins învăţându-l pe Shiba Inu să caute ceva anume, arătându-i mai întâi un model olfactiv care seamănă cu mirosul obiectului de sub unul dintre căni. De asemenea, puteţi începe cu dulciuri, dar, în timp, puteţi trece şi la lucruri necomestibile, pentru care Shiba Inu este apoi recompensat corespunzător.

Un alt joc de nas este oarecum similar cu cel precedent: Shiba Inu poate învăţa să caute un anumit obiect, cum ar fi o şosetă. Ca întotdeauna, acest lucru se face cu ajutorul unor recompense - acestea sunt mai întâi plasate demonstrativ sub şosetă, astfel încât Shiba Inu să o vadă şi să alerge la obiectul motivat. Ulterior, răsfăţul nu mai este plasat sub şosetă, ci este dat direct atunci când Shiba Inu a găsit şoseta.

După cum puteţi vedea, există o mulţime de moduri de a folosi simţul olfactiv al lui Shiba Inu, care poate fi variat şi extins aproape la nesfârşit. Nu ezitaţi să testaţi puţin, să vedeţi ce obiecte se află în casa dvs. care ar putea fi potrivite pentru astfel de jocuri şi să aflaţi ce îi place în mod deosebit lui Shiba Inu!

O altă activitate care face apel la instinctul de vânătoare al lui Shiba Inu este folosirea unei aşa-numite momeli. O capcană cu momeală este o tijă flexibilă cu o lungime de până la doi metri, cu o sfoară de aproximativ aceeaş i lungime ataş ată la capătul tijei, de care se ataş ează ceva care să atragă atenţ ia câinelui, cum ar fi o bucată de pânză sau o jucărie moale. Acest tip de stimulent nu este folosit doar pentru exerciţ ii, ci ş i pentru dresaj. Scopul este ca câinele să îş i trăiască instinctul natural de vânătoare ş i să îş i consume energia. În acest fel, este posibil, de asemenea, să se înveţ e câinele că o potenţ ială pradă nu trebuie să fie urmărită în orice situaţ ie. Această activitate ar trebui să aibă loc doar pentru câteva minute. Shiba Inu va deveni rapid complet epuizat. În plus, schimbările rapide de direcţ ie pun presiune asupra muş chilor ş i articulaţ iilor, ceea ce poate fi în detrimentul sănătăţ ii. La început, miş carea undiţ ei stimulatoare este lentă, astfel încât Shiba Inu să se poată obiş nui cu ea. Cu timpul, viteza este crescută ş i totul poate fi completat prin antrenarea Shiba Inu pentru a începe să vâneze doar la comandă.

Nutriţ ie

Hrănirea unui Shiba Inu este similară cu hrănirea colegilor săi Akitas: poate fi foarte dificil să găseş ti hrana potrivită. Cu toate acestea, trebuie spus de la început: Hrana uscată comercială ş i hrana umedă nu reprezintă o opţ iune pentru o viaţ ă sănătoasă pe termen lung. Acest lucru nu este valabil doar pentru Shiba Inu. Hrana uscată, pe care o puteţ i cumpăra cu uş urinţ ă din supermarket, conţ ine mulţ i aditivi care nu îş i au locul într-o hrană echilibrată pentru câini. S-a demonstrat că unii dintre aditivi, cum ar fi ethoxyquin, provoacă cancer la ficat în diverse studii pe animale. Hrana pentru câini este, de asemenea, adesea responsabilă pentru respiraţ ia urât mirositoare sau flatulenţ a câinilor. Conţ inutul de cereale adăugat asigură o digestie dezechilibrată a animalelor. Din cauza anatomiei interne a câinilor (carnivore), cerealele nu pot fi digerate la fel de bine ca de alte specii de animale (erbivore). Conț inutul de carne indicat pe produse este alcătuit în cea mai mare parte din resturi industriale, inclusiv pene, ciocuri sau gheare de pui măcinate. Zahărul adăugat, precum ș i coloranț ii pentru aspect, nu au nicio raț iune de a fi în astfel de alimente.

În ț ara de origine a Shiba Inus, animalele sunt de obicei hrănite cu carne proaspătă, peș te sau deș euri de peș te. Aceasta este baza dietei lor acolo ș i s-a dovedit a fi bună de-a lungul multor ani. Asemănarea cu rudele lor, lupii, este evidentă atunci când mănâncă. Shiba Inu îș i lucrează fălcile la fel de eficient ca un lup sau chiar ca un leu. Astfel, aceste două animale formează o bună orientare pentru o hrană optimă.

De regulă, se pot spune următoarele: Hrana unui Shiba Inu ar trebui să fie alcătuită din aproximativ 80 la sută proteine animale sub formă de carne. Restul de 20 la sută poate fi completat cu orez, cartofi, legume sau tăiț ei, după preferinț ă.

Cele 80 de procente de proteine animale pot fi obț inute printr-o dietă echilibrată cu carne proaspătă. Pe lângă carnea sau peș tele proaspăt, aceasta include ș i cele menț ionate mai sus în formă gătită. Cartilajele, carnea, tendoanele sau pielea sunt, de asemenea, un adaos binevenit. Nu contează de la ce animal provine carnea în cele din urmă, încercaț i puț in până când Shiba Inu-ul dvs. îș i găseș te varietatea preferată. De asemenea, ar trebui să completaț i carnea crudă cu diverse măruntaie, cum ar fi inima, ficatul sau rinichii. Acestea conț in vitamine ș i minerale pe care câinele nu le poate absorbi prin alte părț i ale animalului. Puiul, care vine tot cu măruntaie, este o alegere bună în acest caz. Se poate afirma că o jumătate de pui ș i măruntaiele reprezintă o masă echilibrată pentru o zi. Cu toate acestea, rămâneț i prudenț i cu carnea de pasăre ș i daț i-i această hrană doar o dată pe săptămână. Antibioticele conț inute în carne pot avea un efect asupra sistemului imunitar al câinelui dumneavoastră.

Tot ce a mai rămas acum sunt oasele, de care Shiba Inu-ul tău va fi, de asemenea, foarte fericit. Acestea conț in calciu, precum ș i fosfor, care este important pentru rezistenț a osoasă a animalelor. Ambele pot fi absorbite prin consumul de oase. De asemenea, curăț ă în mod natural dinț ii animalului dumneavoastră de companie. Dacă îl hrăniț i cu pui sau curcan crud, nu vă faceț i griji în privinț a oaselor. Acestea devin poroase ș i uș or de spart doar atunci când sunt gătite.

Celelalte 20 de procente din hrană pot fi acum completate cu o garnitură, cum ar fi orez sau cartofi ș i legume fierte sau piure de legume. Uleiul de seminț e de in sau de ș ofrănel presat la rece, în cantităț i mici, este, de asemenea, benefic pentru digestie ș i susț ine strălucirea naturală a blănii. Amestecaț i aceste două părț i ale hranei ș i veț i avea o masă echilibrată pentru Shiba Inu. Acesta este un mod natural de a vă hrăni câinele într-un mod adecvat speciei ș i sănătos.

Micile specialităț i sunt desigur binevenite . Multora dintre Shiba Inus le place foarte mult gălbenuș ul de ou crud, dar nu ar trebui să îl hrăniț i prea des. De asemenea, vă rugăm să vă asiguraț i că Shiba Inu dvs. nu mănâncă albuș de ou, deoarece acesta nu este tolerat.

Unii crescători spun, de asemenea, că puț ină drojdie de panificaț ie ajută în timpul schimbării blănii. Vitamina B conț inută aici susț ine creș terea blănii ș i favorizează o schimbare mai rapidă a acesteia.

După cum puteț i vedea, dieta optimă pentru un Shiba Inu este dincolo de ceea ce majoritatea proprietarilor de câini sunt obiș nuiț i. Nu este doar un angajament de timp de luat în considerare, ci ș i un factor de cost suplimentar. Cu toate acestea, puteț i amesteca mâncarea câinelui dumneavoastră cu hrană uscată sau o puteț i completa cu conserve de carne. Cu toate acestea, starea de sănătate a Shiba Inu, care au fost îngrijiț i în mod optim până la o vârstă înaintată, dovedeș te eficienț a. Astfel, puteț i contracara eficient afecț iunile legate de vârstă, cum ar fi oasele rupte, ș chiopătatul sau chiar problemele dentare. Dieta naturală întăreș te Shiba Inu din interior spre exterior , lucru pentru care vă va mulț umi printr-o sănătate mai bună ș i mai puț ine vizite la veterinar. Cu ajutorul greutăț ii, puteț i vedea cu uș urinț ă dacă un Shiba Inu este bine hrănit. Cu toate acestea, există ș i alte indicii pentru a afla dacă Shiba Inu este bine hrănit:

(1) Blana este moale ș i strălucitoare.

(2) Există foarte puț ine probleme de piele sau de blană.

(3) Se simte talia.

(4) Puteţ i simţ i coastele cu o uş oară presiune.

(5) Dimensiunea ş i greutatea se potrivesc.

(6) Shiba este agil, curios ş i dă dovadă de anduranţ ă.

(7) Lui Shiba îi place să-ş i mănânce mâncarea.

Dar există încă semne că dieta nu este bună:

(1) Shiba Inu are o cădere parţ ială a părului.

(2) Blana sa nu este lucioasă ş i mată.

(3) Apar alergii.

(4) Câinele are probleme cu sistemul musculo-scheletic.

(5) Apare supraponderalitatea sau subponderalitatea.

(6) Câinele are mâncărimi.

(7) Câinele are probleme cu digestia.

(8) Se dezvoltă tartrul ş i dinţ ii sunt stricaţ i.

Ghidul de hrană pentru câini

Dieta tocmai descrisă include deja parţ ial principiul de a vomita. Este vorba, în principal, de a reveni la originile câinelui ş i de a hrăni în consecinţ ă. Ca carnivore, câinii sunt încă foarte asemănători cu lupii, cu Shiba Inu în frunte. Atunci când îi oferiţ i animalului dvs. de companie o dietă barfed, îl hrăniţ i exclusiv cu carne proaspătă. Astfel, câinele primeş te tot ce are nevoie în compoziţ ia potrivită. În plus, acest tip de hrănire este foarte apropiat de prada naturală după o vânătoare. Barfingul nu este disponibil doar pentru Shiba Inu, ci este un tip general de hrănire.

Cu toate acestea, atât pentru oameni, cât ş i pentru animale, vomitarea în sine este o chestiune de obiş nuinţ ă. Pe de o parte, este nevoie de ceva mai mult timp în fiecare zi decât în cazul conservelor convenț ionale, iar pe de altă parte, poate dura ceva timp până când animalul găseș te mâncarea potrivită. Dar nu vă faceț i griji - majoritatea câinilor reacț ionează foarte pozitiv la schimbare ș i sar bucuroș i la carnea proaspătă ș i la organele comestibile. Cu toate acestea, cantitatea ș i compoziț ia exactă a hranei vor depinde de mulț i factori ai câinelui specific. Puteț i obț ine cantităț i exacte sau idei pentru compoziț ie online cu ajutorul unui calculator de nevoi pentru BARF. În acest fel puteț i adapta în mod optim hrana la câinele dumneavoastră. Cu toate acestea, există o regulă empirică care spune că un câine ar trebui să mănânce aproximativ 4% din greutatea sa corporală pe zi.

Meniul de aici include în principal măruntaie, carne de muș chi sau piele, dar ș i legume, fructe, uleiuri ș i, desigur, ocazional, oase pentru ingrediente. Doar carnea de porc ar trebui evitată din cauza posibilelor viruș i periculoș i. Carnea de vită este cea mai bună, dar nu este o necesitate. În cazul alimentaț iei BARF, animalele adulte primesc hrană de două ori pe zi în medie. Acest lucru este cel mai uș or de digerat pentru animale. Căț eii sau câinii tineri pot primi până la 5 mese pe zi, în funcț ie de activitatea lor, de creș terea actuală ș i de exerciț iile zilnice. Acordaț i-i câinelui timp după ce mănâncă ș i nu plecaț i imediat la o plimbare lungă, deoarece prea mult exerciț iu poate duce la gastrită la câine.

Postura

În sine, Shiba Inu este un câine contemporan foarte uş or de îngrijit. Una dintre caracteristicile sale speciale este mirosul său inerent scăzut. Ş tiţ i cu siguranţ ă că un câine miroase a câine, mai ales atunci când se udă ş i i se îmbibă blana. Shiba Inu nu are aproape niciun miros propriu, nici măcar atunci când se udă. Acest lucru îl face să fie o alegere excelentă de animal de companie, mai ales pentru persoanele sensibile la mirosuri.

Câinele se simte cel mai bine atunci când este ţ inut parţ ial în interior ş i parţ ial în aer liber. Aceş ti câini de vânătoare au o nevoie foarte pronunţ ată de a alerga ş i o nevoie puternică de miş care, care vrea să fie satisfăcută. În grădina de acasă, câinele se va zbengudui tot timpul anului ş i se va juca ş i în zăpadă. În consecinţ ă, canisele, dar ş i ţ inerea lor doar în grădină nu sunt optime, deoarece animalul are nevoie de o asociere strânsă cu familia ş i haita sa. Acest lucru nu este important doar pentru ca tu să te poţ i arăta în continuare ca lider de haită, ci serveş te ş i sănătăţ ii mentale a câinelui însuş i. Shiba Inus sunt animale foarte inteligente care au nevoie de multă încurajare. Ei au o sete constantă de cunoaş tere. Fără ocupaţ ie, animalul se plictiseş te rapid ş i începe să se ocupe singur. Acesta este motivul pentru care multe poveş ti de groază cu mici Shiba Inus care devastează case întregi nu sunt neobiş nuite. Totuş i, acest lucru nu se datorează câinelui, ci doar ocupaţ iei sale. După cum puteţ i vedea, un Shiba Inu necesită mult timp ş i muncă. Gândiţ i-vă la asta înainte de a vă decide să vă luaţ i un astfel de câine.

Figura 9: Shiba Inu în zăpadă

Prietenul patruped se descurcă foarte bine în majoritatea situaț iilor meteorologice, în special ploaia sau frigul nu-i fac probleme, deoarece cunoaş te acest mediu din ț ara sa natală, Japonia. De asemenea, îl ajută ş i subpachetul său gros, deoarece îl protejează foarte eficient de intemperii. Cu toate acestea, acest lucru reprezintă însă ş i o problemă la temperaturi mai ridicate: câinele se încălzeş te prea tare ş i începe să gâfâie. Pentru astfel de momente, ar trebui să aveț i în casă un loc răcoros unde câinele să se poată retrage. În funcț ie de temperatură, un loc la umbră este suficient, dar un prosop răcoros este, de asemenea, o schimbare binevenită în timpul verii.

Mai ales plimbările lungi sunt o distracț ie binevenită pentru câine. În general, Shiba Inus are o nevoie foarte mare de exerciț ii fizice, dar aceasta poate fi satisfăcută prin joacă acasă ș i prin plimbările menț ionate mai sus. Grupurile sportive canine sau alte activităț i care necesită ca Shiba Inu să interacț ioneze cu alț i câini nu sunt pe placul lui. Acest lucru se datorează în principal inteligenț ei ș i potenț ialului său de lider. Acest lucru asigură, de asemenea, că prietenul cu patru picioare insistă pentru plimbarea sa lungă zilnică, indiferent de vreme. Dar alte jocuri tipice pentru câini, cum ar fi aducerea mingilor, nu sunt nimic pentru această rasă pitorească. Shiba Inu se simte prea puț in provocat de acest lucru. Ar trebui să aveț i mereu în vedere: Prietenul tău cu patru picioare te ascultă ș i abia apoi decide dacă vrea să te urmeze ș i dacă are sens pentru el. O educaț ie de bază, strictă, este din nou foarte importantă aici, astfel încât câinele dumneavoastră să nu crească peste capul dumneavoastră.

Atunci când păstraț i un căț eluș Shiba, cel mai important lucru este să aveț i o familie unită. Adulț ii Shiba Inus nu sunt deloc supăraț i pe faptul că sunt ț inuț i ocupaț i sau că au timp pentru ei înș iș i, pe de altă parte, căț eilor nu le place deloc acest lucru. Contactul intensiv între câine ș i om este, de asemenea, necesar pentru o bună bază în dresaj. Aici, stricteț ea iubitoare este din nou în prim-plan, deoarece Shiba Inus îș i poate aminti punctele slabe ș i le poate exploata la vârsta adultă, cum ar fi interdicț iile care au fost ignorate din când în când ca ș i căț eluș . Dacă câș tigaț i respectul animalului dvs. de companie ș i îl menț ineț i pe tot parcursul vieț ii.

Îngrijirea hainei

Fiecare proprietar trebuie să afle singur care sunt ustensilele cele mai potrivite pentru el ş i pentru Shiba Inu-ul său. În funcţ ie de lungimea blănii, există diferite perii ş i piepteni care pot fi cumpărate în magazinele pentru câini. Mai jos sunt enumerate câteva lucruri pe care trebuie neapărat să le aveţ i:

- Pieptene cu dinţ i grosieri
- Perii cu diferite grade de duritate
- Perie de smulgere
- pieptene moale de curry (poate fi folosit ş i pentru a freca ş amponul pentru câini)
- Foarfece (foarfece pentru efiliere ş i foarfece cu vârfuri rotunjite pentru lăbuţ e/orechi)
- Pieptene pentru barbă
- Pieptene de desfrunzit

Altfel:
- Pieptene pentru purici
- Cleş ti cu gheare
- Prosoape de celule
- Articole de îngrijire dentară (periuţ ă de dinţ i sau degetar, pastă de dinţ i, articole de mestecat)
- ş ampon blând pentru câini, ş amponul pentru copii este, de asemenea, posibil
- Forceps pentru căpuş e / pensete
- Vaselină sau grăsime de muls

Ce alte ajutoare speciale există pentru îngrijirea hainelor?
- Balsam pentru o haină strălucitoare ş i catifelată
- Eş arfe pentru urechi

- tampoane speciale pentru curăț area ochilor
- Pantofi pentru câini (de exemplu, iarna sau în caz de rănire)
- Spray de desfundare
- Spray lucios

Figura 10: Echipamente profesionale pentru îngrijire

Îngrijirea regulată a blănii este foarte importantă, în special pentru Shiba Inu. Chiar dacă blana în sine este aspră ș i rezistentă, ea are nevoie de o îngrijire simplă, dar necesară. Sub blana exterioară aspră se află o subpată moale ș i confortabilă, care ț ine câinele cald chiar ș i în zilele reci.

Totuș i, acest strat inferior este atât de dens încât abia lasă să treacă aerul. Acest lucru poate face ca animalele să transpire mai repede, mai ales vara. În cazul în care blana superioară este, de asemenea, înnodată sau uș or mată, pe pielea lui Shiba Inu nu este posibil niciun schimb de oxigen. Transpiraț ia nu se poate evapora, iar umezeala permanentă poate duce la eczeme sau la inflamaț ii mai grave ale pielii, pe care câinele se scarpină dureros de sângeros. Astfel de leziuni se vindecă prost ș i încet, deoarece căldura continuă să se acumuleze sub blana caldă.

Prin urmare, periajul regulat este esenț ial. În rest, însă, îngrijirea blănii animalului nu este foarte solicitantă.

Pentru stratul superior dens, cel mai bine este să folosiț i o perie pentru câini cu dinț i puternici sau o perie de descurcare. De asemenea, periajul conferă blănii lui Shiba Inu strălucirea tipică, care scoate în evidenț ă în mod clar culorile individuale ale blănii.

Pentru părul subț ire ș i dens, cea mai bună soluț ie este o perie specială pentru părul subț ire, cu dinț i tari. În acest fel, puteț i pieptăna cu uș urinț ă nodurile mici sau crustele de murdărie din blană. Aceste perii sunt, de asemenea, foarte plăcute ș i nedureroase pentru câini. Dinț ii duri ai periei sunt deosebit de atrăgători, deoarece îi oferiț i câinelui dumneavoastră un mic masaj de fiecare dată când îl periaț i. Mângâierea pielii stimulează circulaț ia sângelui ș i creș terea părului. În acest fel, vă ajutaț i câinele să îș i regenereze sănătos ș i complet propria blană.

Cu toate acestea, ar trebui, de asemenea, să vă tundeț i Shiba Inu din când în când. Vă puteț i da seama când este momentul potrivit după comportamentul câinelui dumneavoastră. Dacă prietenul tău cu patru picioare se scarpină mai mult sau transpiră mai mult, verifică-i blana pentru paraziț i sau fire de păr moarte. Dacă există prea multe fire de păr mort pe piele, acestea vor cădea ș i se vor răspândi. Firele de păr moarte pot creș te pe pielea lui Shiba Inu ș i pot provoca mâncărimi ș i mai mari sau inflamaț ii ale pielii. Aș teptarea prea mult timp pentru a face acest lucru poate afecta calitatea vieț ii animalului dvs. de companie pe termen lung ș i îl poate face să se simtă inconfortabil.

După schimbarea hainei în timpul iernii este un moment la care ar trebui să acordaț i o atenț ie deosebită. La mulț i câini, schimbarea hainei este clar vizibilă, dar la Shiba Inu, acest lucru durează ceva timp. Subpoluarea groasă se desprinde treptat ș i se răspândeș te în toată casa. În această perioadă ar trebui să vă periaț i bine câinele cel puț in o dată pe zi, de asemenea, de dragul propriei podele ș i al mobilierului. Când schimbarea blănii s-a încheiat, este recomandabil să tundeț i câinele. Folosiț i un cuț it de tuns pentru a trece încet prin blana lui Shiba Inu. Firele de păr moarte sunt smulse uș or din blană ș i sunt scoase ș i ultimele rămăș iț e ale subpachetului care atârnă lejer. Câinele nu simte nicio durere sau ceva de genul acesta, este mai degrabă fericit de această sesiune extinsă de mângâiere ş i masaj.

Dacă doriț i să susț ineț i strălucirea sănătoasă a blănii animalului dumneavoastră de companie, puteț i adăuga din când în când câteva picături de ulei de in în hrana pentru câini. Acesta este foarte insipid ş i susț ine părul în strălucirea sa ş i în formarea unei noi blănuri.

În anumite situaț ii, scăldatul pur ş i simplu trebuie să fie

Majoritatea câinilor iubesc elementul apă ş i le place să se joace în ea. Dar cum arată atunci când sunt duş i în cadă pentru a fi apoi ş amponaț i? Aproape niciunui câine nu-i place asta, iar Shiba Inus nu prea sar în sus de bucurie nici ei. Deş i nu este întotdeauna necesar sau de dorit ca ei să fie îmbăiaț i des. În cazul în care câinele este foarte murdar, poate fi, desigur, spălat. Înainte de asta, însă, ar trebui să periaț i cea mai mare parte a murdăriei. Din păcate, se întâmplă ca zonele maturate deja existente să iasă ş i mai rău după o baie.

Dacă folosiț i un ş ampon pentru câini, ar trebui să îl încercaț i mai întâi pe o zonă mică, de exemplu laba piciorului. Există ş ampoane diferite, cu diferite mirosuri ş i aditivi. Este o cerinț ă legală ca aceste ş ampoane să fie testate dermatologic. Cu toate acestea, se poate întâmpla oricând ca un câine să fie alergic la un tip. În plus, ş amponul pentru câini trebuie să fie adaptat ş i la blana lui Shiba, iar acest lucru poate fi recunoscut prin faptul că imediat după prima spălare blana cade uş oară ş i mătăsoasă. Dacă nu este cazul, ar trebui să încercaț i o altă marcă. Aceeaş i procedură se aplică ş i în cazul unui balsam de păr. Mulț i proprietari de Shiba Inus folosesc un balsam după aceea pentru a putea peria mai uş or blana.

Există două lucruri la care ar trebui să acordaț i o atenț ie deosebită: Dacă se utilizează ş ampon ş i balsam, asiguraț i-vă că ambele sunt clătite foarte bine pentru a evita reziduurile de ş ampon în blană.

Aceste reziduuri pot provoca mâncărimi ş i inflamaţ ii pe piele, ceea ce va duce la o vizită la veterinar.

Un alt aspect este acela de a avea grijă ca nicio picătură de ş ampon sau balsam să nu ajungă în ochii foarte sensibili ai lui Shiba Inu. În special ochii Shiba Inu se pot irita foarte repede ş i foarte uş or. Din acest motiv, nu ar trebui să ţ ineţ i niciodată duş ul în faţ a câinelui pentru a spăla orice reziduu de ş ampon. Vă puteţ i folosi mâna pentru a spăla cu grijă spuma de pe faţ ă sau puteţ i trece uş or un jet de apă dintr-o sticlă peste zona de pe faţ ă. În acest fel vă puteţ i asigura, de asemenea, că nu intră apă în canalul urechii, unde, de obicei, poate provoca chiar mai multe daune decât în ochi.

La temperaturi ridicate, Shiba poate pur ş i simplu să se usuce afară. La temperaturi mai scăzute, puteţ i fie să vă uscaţ i câinele foarte uş or, fie să îl frecaţ i pentru a-l usca. După aceea, este o idee bună să îi pieptănaţ i blana cu o perie sau un pieptene pentru a preveni formarea de noduri ş i de covoraş e.

Îngrijirea urechilor

Urechile nu sunt la fel de sensibile ca ş i ochii, dar au nevoie de o îngrijire temeinică ş i regulată. Acest lucru se poate face după fiecare periaj. Există, de asemenea, produse speciale de curăţ are a urechilor pe care le puteţ i cumpăra pentru curăţ area urechilor. Produsele se picură cu grijă în ureche. După o anumită perioadă de timp, cerumenul ş i murdăria încăpăţ ânată pot fi îndepărtate cu uş urinţ ă. Puteţ i folosi tampoane de bumbac pentru a curăţ a urechea, dar aveţ i grijă să nu deterioraţ i urechea internă. Cel mai bine este să curăţ aţ i urechile în perechi, astfel încât o persoană să poată ţ ine capul lui Shiba Inu, iar câinele să nu înceapă să scuture capul în timpul curăţ ării. Urechile ar trebui într-adevăr curăţ ate doar dacă sunt foarte murdare, altfel ar trebui lăsate în pace. Dacă câinii au o mâncărime puternică în urechi sau dacă există vreo altă problemă la nivelul urechilor, o veţ i observa foarte repede. Aceş tia îş i scutură în mod constant capul sau se scarpină în urechi cu lăbuţ ele pentru a ameliora mâncărimea. Dacă curăţ area nu ajută cu adevărat, trebuie consultat medicul veterinar pentru a examina mai atent problema. Acelaş i lucru este valabil ş i în cazul în care din urechi se secretă o secreţ ie întunecată ş i urât mirositoare. Medicul veterinar poate privi adânc în interiorul urechii cu un otoscop ş i are echipamentul necesar pentru a îndepărta coarnele sau părţ ile mai mari, intruzive. Dacă, în mod excepţ ional, părul creş te în urechi, acesta poate fi îndepărtat prin tragerea lui cu degetele sau cu un cleş te special pentru trasul părului. În niciun caz nu trebuie tăiat părul din urechi. Există atunci pericolul ca firele de păr tăiate să ajungă în canalul auditiv ş i să provoace o obstrucţ ie acolo.

Îngrijire dentară

Cei mai mulţ i câini au problema cariilor dentare ş i a acumulării de tartru în timp. Acest lucru i se poate întâmpla ş i lui Shiba Inu dacă dinţ ii nu sunt curăţ aţ i. Pentru a contracara acest lucru, este necesară periajul zilnic al dinţ ilor. Pentru a face acest lucru, folosiţ i o periuţ ă de dinţ i normală pentru copii, deoarece acestea au peri deosebit de fini ş i moi, sau folosiţ i o periuţ ă de dinţ i special concepută pentru câini. Există, de asemenea, pătuţ uri pentru degete care au fost deja pregătite cu o soluţ ie antiplacă. Puteţ i trece degetul peste dinţ ii câinelui ş i îndepărta placa bacteriană în acest fel. Cel mai simplu este să obiş nuiţ i căţ elul Shiba să se spele pe dinţ i cât mai devreme, astfel încât să înveţ e să deschidă gura. Acest lucru poate fi, de asemenea, foarte util pentru examinările veterinare. Placa bacteriană încăpăţ ânată care nu este îndepărtată poate provoca, de asemenea, o inflamaţ ie severă a gingiilor, care atunci trebuie tratată la veterinar.

Figura 11 Îngrijirea dentară este importantă ş i pentru câini

Îngrijirea labei

De asemenea, labele animalului dumneavoastră preferat trebuie să reziste întotdeauna la un stres permanent. La fel ca noi, oamenii, stau pe ele ş i se deplasează cu ele - doar că fără pantofi. Din acest motiv, ş i ele au nevoie de o îngrijire meticuloasă: trebuie verificate ş i curăţ ate. În plus, părul de pe labele ş i dintre pernuţ ele de la Shiba Inus trebuie scurtat la intervale regulate pentru a preveni inflamaţ iile. Spre deosebire de alte rase de câini, Shiba Inus are o blană foarte groasă în jurul întregului picior. Prin urmare, după fiecare plimbare, ar trebui să aruncaţ i o privire rapidă la labe pentru a vedea dacă există pietre, spini sau chiar aş chii în pernuţ e.

Aş chiile, murdăria sau spinii trebuie îndepărtate imediat. Mai există o altă problemă pentru lăbuţ ele delicate iarna: gheaţ a ş i sarea de pe ş osea provoacă adesea crăpăturile labei, ceea ce poate fi foarte dureros pentru animale. Dar chiar ş i vara, când este foarte cald ş i asfaltul este încins, câinii se pot arde labele într-o anumită măsură. Pentru astfel de circumstanţ e, există protecţ ii speciale pentru labe, care sunt realizate din ţ esătură. Acestea se pun pe câini practic ca niş te pantofi ş i se fixează. Cremele, tincturile ş i unguentele speciale disponibile în magazine oferă, de asemenea, o protecţ ie suficientă. Deoarece blana lui Shiba Inus creş te în spaţ iul dintre labe, câinele are o prindere nesigură. Pentru a minimiza pericolul de alunecare, aceste fire de păr trebuie scurtate la intervale regulate.

Din când în când este necesar să se taie ş i ghearele câinelui. Cu toate acestea, acest lucru este necesar doar dacă câinele nu este capabil să îş i uzeze ghearele în mod natural. Dacă auziţ i "pocnituri" atunci când câinele dumneavoastră merge pe o podea netedă (gresie), atunci este timpul fie să îi tăiaţ i singur ghearele, fie să le faceţ i tăiaţ i de un profesionist. Dar este important să cereţ i în prealabil sfatul unui profesionist ş i să vi se arate tehnica corectă înainte de a îndrăzni să tăiaţ i singuri ghearele. Este prea uş or să tai o gheară prea scurt ş i să răneş ti nervii sau vasele de sânge. Shiba Inus cu o culoare deschisă a blănii au avantajul că ghearele au ş i ele o culoare deschisă, iar vasele de sânge sunt uş or vizibile.

Boli tipice

Shiba Inu este considerat o rasă de câini foarte robustă, care până în prezent nu are aproape nicio boală ereditară sau altele asemenea. De asemenea, această rasă este aproape imună la afecţ iunile cunoscute sau cotidiene ale câinilor ş i, prin urmare, este foarte uş or de îngrijit.

Cu toate acestea, Shiba Inus sunt predispuş i la boli oculare, cum ar fi glaucomul sau cataracta. Aceasta este o lăcrimare a cristalinului din ochi, care poate duce la orbire. Cu toate acestea, ambele pot fi reparate printr-o operaţ ie ambulatorie.

În plus, această rasă de câini de talie mică aduce predispoziţ ia oarecum atipică pentru **displazia de ş old**. Aceasta este o boală ereditară care afectează în mod normal rasele de câini mai normale sau mari.

Articulaţia şoldului animalului alunecă din orbită atunci când face mişcări incorecte şi este posibil să nu-şi poată regăsi singură drumul înapoi. Această boală poate apărea în diferite grade de severitate. Ea se dezvoltă în timpul fazei de creştere a câinelui sau chiar după aceea. Dacă doriţi să preveniţi acest risc, este o idee bună să începeţi sporturile pentru câini care ameliorează articulaţiile la o vârstă fragedă. O dietă naturală şi adecvată speciei susţine, de asemenea, dezvoltarea sănătoasă a lui Shiba Inu.

A doua boală ereditară care apare este luxaţia rotuliană, care descrie o problemă la nivelul rotulei. Rasele mici sunt afectate în mod special, iar boala se dezvoltă în primul an de viaţă. Boala este atât de puternic legată de ereditate încât înseamnă sfârşitul reproducerii pentru multe animale. În cazul luxaţiei rotuliene, capsula articulaţiei genunchiului se rupe puţin şi mecanismul de extensie a piciorului nu mai funcţionează corect. Acest lucru se poate observa în mersul alterat al câinelui: Merge câţiva paşi în mod normal, apoi şchiopătează puţin pentru a putea elibera complet unul dintre picioare. Acest lucru este urmat de câţiva paşi normali din nou. Această boală înseamnă durere severă şi o pierdere a calităţii vieţii câinelui.

Cu toate acestea, Shiba Inu trebuie să se confrunte şi cu problemele normale ale unui câine. Iată câteva puncte la care puteţi fi atenţi. Cu toate acestea, toate sfaturile oferite aici nu înlocuiesc niciodată o vizită la medicul veterinar şi sunt doar orientative. În plus, urmarea sfaturilor este recomandată doar dacă vă cunoaşteţi deja şi puteţi evalua câinele!

Febra la câini - Febra la un câine începe la aproximativ 39 de grade, deoarece temperatura normală a corpului este între 37,5 şi 38,5 grade. Ţineţi cont de faptul că temperatura este mai mare seara decât dimineaţa şi, prin urmare, trebuie luată dimineaţa. De asemenea, căţeii şi câinii tineri au o temperatură mai mare decât câinii adulţi. Cu toate acestea, febra poate fi măsurată doar cu un termometru rectal.

Semnele care indică faptul că câinele tău are o temperatură ridicată sunt urechile calde, nasul uscat şi ochii strălucitori capătă o expresie ternă.

Febra este întotdeauna un semn al unei infecț ii bacteriene. În acest caz, sistemul imunitar al animalului acț ionează de unul singur. Nu ar trebui să încercaț i să îl faceț i să scadă. Câinele va căuta de unul singur un loc răcoros, cum ar fi o podea cu gresie. Cu toate acestea, trebuie să vă asiguraț i că câinele bea suficientă apă, deoarece atunci când câinele are febră, el transpiră ca un om ș i pierde lichide. După doar 30 de minute, temperatura poate scădea cu o jumătate de grad. Dacă febra durează mai mult de 24 de ore ș i animalul se simte în general rău, trebuie să consultaț i de urgenț ă un veterinar.

Diaree - Diareea ș i vărsăturile împreună sunt semnele unei boli infecț ioase grave sau ale unei intoxicaț ii. Diareea în sine poate însemna o tulburare nervoasă uș oară a animalului, dar poate fi ș i rezultatul unei intoleranț e la hrană, precum ș i al unei supraalimentări. Dacă nu există alte simptome în afară de diaree, puteț i să nu hrăniț i câinele timp de 24 de ore ș i să observaț i dacă se simte mai bine ș i dacă diareea dispare. Acest lucru se poate întâmpla ș i atunci când se trece la o dietă desculț ă.

Nu încercaț i să îngroș aț i în mod artificial scaunul cu agenț i precum cărbunele activat. Această măsură vă poate împiedica să nu recunoaș teț i agravările grave; ca să spunem aș a, poate duce ș i la constipaț ie. Pierderea de lichide care apare poate fi compensată prin oferirea de apă. De asemenea, este posibil să daț i ceai de muș eț el sau de fenicul îndulcit cu puț ină miere. Acest amestec se dă câinelui cu lingura. Cu toate acestea, diareea poate duce la o pierdere de minerale importante în organism ș i, prin urmare, poate determina cainele să se simtă rău în general. Din nou, dacă acest lucru persistă mai mult de 24 de ore, cereț i de urgenț ă sfatul medicului veterinar.

Vărsături - Vărsăturile nu sunt neobiș nuite la câini. Aceș tia vor mânca aproape orice le puneț i în gură, inclusiv deș euri organice sau poate resturi de la coș ul de gunoi din cartier. Prin urmare, un aport excesiv de hrană poate deranja stomacul, la fel ca ș i o intoleranț ă. Din nou, lăsaț i câinele să postească timp de 24 de ore pentru ca tractul intestinal să se golească complet ș i să se calmeze din nou. Aici trebuie să vă asiguraț i că bolul cu apă este întotdeauna bine umplut pentru a susț ine câinele.

Băutură excesivă - în general, câinii beau foarte mult, deoarece au nevoie de lichid pentru intestine ș i ț esuturi. Observaț i-vă animalul de companie pentru a vă face o idee despre ce cantitate de apă este normală. Dacă un câine începe spontan să bea peste capacitatea sa, acesta este de obicei un semn al unei boli interne grave, cum ar fi o inflamaț ie a rinichilor. Nu aș teptaț i o zi aici, ci consultaț i un medic veterinar cât mai curând posibil!

Leziuni ale pielii - Leziunile cutanate apar adesea la câini, mai ales dacă sunteț i mult afară ș i vă jucaț i ș i în mărăciniș în timpul unei plimbări prin pădure.

Rănile mici - Rănile mici apar frecvent, în special la animalele tinere. Dezinfectaț i rana cu ceai de muș eț el, de exemplu, ș i observaț i totul.

Leziuni **majore** - Aceste leziuni pot avea cauze diverse, cum ar fi consecinț ele unor lupte jucăuș e între câini, dar ș i ale atacurilor pisicilor. Astfel, aceste răni pot fi infectate ș i trebuie să le duceț i la veterinar pentru a exclude otrăvirea sângelui. O atenț ie deosebită trebuie acordată rănilor de pe gât, cap ș i spate pentru a vă asigura că eventualele infecț ii nu se răspândesc la alte straturi ale pielii.

Înț epături **de insecte** - Acestea pot duce la reacț ii alergice severe, mai ales dacă nu ș tiț i de la ce insectă a venit înț epătura. Înț epăturile din zona gurii sau a gâtului pot indica o vânătoare de albine sau viespi ș i trebuie examinate imediat de un medic veterinar. În caz contrar, umflarea în zona gurii ș i a gâtului poate duce la probleme de oxigen.

Căderea părului - **În** medie, nu trebuie să vă faceț i griji cu privire la căderea părului, deoarece câinii pierd mult păr în fiecare zi, iar la unii este mai vizibil decât la alț ii. Mai ales în timpul perioadei de cădere, aceasta poate arăta ca o cantitate îngrijorător de mare în aspirator. Dacă se pierde mult păr în afara acestei perioade, puteț i presupune o problemă de creș tere a părului. Aceasta se datorează, de obicei, unei probleme nutriț ionale sau unei deficienț e de nutrienț i. Câinele nu primeș te toț i nutrienț ii de care are nevoie din hrana care îi este oferită. Acest lucru se poate întâmpla mai ales în cazul lui Shiba Inu, motiv pentru care dorim să vă semnalăm dieta sănătoasă ş i naturală BARF. Dacă pierderea părului se datorează faptului că câinele se scarpină mult, cauza este de obicei puricii din blană. Nu este dificil să îi recunoaş tem pe aceş tia. Ş ampoanele pentru purici sau colierele antipurici pot ajuta. Cu toate acestea, vă recomandăm o vizită la medicul veterinar, care vă poate ajuta cu picături sau medicamente suplimentare.

Ş chiopătatul la câinii tineri - Căţ eii ş i câinii tineri sunt de obicei niş te creaturi mici ş i energice care pot fi destul de dure cu ceilalţ i câini. În plus, unii stăpâni îş i suprasolicită involuntar animalele cu plimbări foarte lungi pentru a risipi această energie. Dacă acum câinele începe să ş chiopăteze, acest lucru se datorează, de obicei, unei leziuni la nivelul balonului. Examinaţ i bontul pentru mici tăieturi ş i anulaţ i pentru moment joaca cu alţ i câini. În decurs de două până la patru zile, aceste probleme cu chiulul ar trebui să se vindece de la sine. Dacă există umflături sau formare de puroi, trebuie să consultaţ i un medic veterinar pentru clarificări ş i tratament ulterior.

De asemenea, mulţ i câini tineri dezvoltă această problemă în primele patru până la nouă luni de viaţ ă. Acest lucru nu trebuie să se datoreze neapărat unei leziuni la nivelul chiulasei. Creş terea puternică din această perioadă poate duce la probleme de formare a cartilajului sau la suprautilizarea articulaţ iilor. Cartilajul articular din fosa epifizară este plin de vase de sânge în această perioadă de creş tere (după ce câinele nu mai este complet crescut). Acest lucru limitează ş i mai mult capacitatea deja scăzută de încărcare a cartilajului. Prin urmare, nu vă îngrijoraţ i imediat dacă această problemă apare la animalul dumneavoastră ş i consultaţ i un medic veterinar! Acesta vă va putea ajuta cu un tratament corect.

Cuvinte de încheiere

Shiba Inu este o rasă de câine de talie mică ş i plină de viaţ ă, care va provoca unele schimbări în viaţ a ta. Cu toate acestea, loialitatea acestor câini faţ ă de liderul lor de haită este aproape unică. Odată ce aţ i stabilit o relaţ ie intensă, veţ i câş tiga un prieten pe viaţ ă. Chiar dacă mulţ i crescători experimentaţ i sfătuiesc împotriva unui Shiba Ibu pentru nou-veniţ i, acesta poate fi cu siguranţ ă gestionat ş i vă veţ i bucura foarte mult de el.

Per total, Shiba Inu nu este un câine foarte pretenţ ios, ci un contemporan care necesită puţ ină întreţ inere ş i care are un miros redus. Întreţ inerea lor în orice mediu este relativ simplă, îngrijirea nu necesită periaje zilnice, iar animalului îi place să se îmbrăţ iş eze la fel de mult cum îi place să fie lăsat în pace. Singura mică piedică este în ceea ce priveş te alimentaţ ia, deoarece hrănirea cu opţ iuni alimentare naturale nu este în totalitate ieftină ş i necesită puţ ină experienţ ă ş i timp. Cu toate acestea, prin aceasta veţ i obţ ine tot ce este mai bun pentru viaţ a Shiba Inu-ului dumneavoastră în toate domeniile.

Sperăm că acest ghid a reuş it să vă sprijine în decizia dumneavoastră de a vă lua un Shiba Inu. Acum ar trebui să fiţ i mai încrezător în ceea ce priveş te viitoarea dumneavoastră viaţ ă alături de un câine. Să sperăm că ş i noii veniţ i au putut fi preluaţ i bine prin clarificarea întrebărilor ş i faptelor de bază, dar ş i a simptomelor tipice pentru cele mai frecvente boli.

În cele din urmă, nu ne rămâne decât să vă urăm multă bucurie alături de noul dvs. companion, Shiba Inu!

Despre această serie:
Câinele meu pentru viaț ă

Acesta este cel de-al ş aselea volum dintr-o serie de ghiduri compacte ş i reale pe tema dresajului canin. Rasele individuale sunt prezentate de autori care au mulț i ani de experienț ă ş i dragoste pentru câini. Vă dorim mulț i ani fericiț i ş i relaxaț i alături de prietenul dumneavoastră cu patru picioare!

Am fi încântaţi să primim o recenzie pozitivă!

DOG BREEDS FROM JAPAN

Akita

Shiba Inu

Japanese Chin

SHIBA INU

35-43 cm (14-17 in)
8-11 kg (18-24 lb)

Surse

Foerster, M./Reukewitz, F. (n. d.): Dresajul ş i angajarea câinilor Shiba Inu. În: shiba-inu-freunde.de. URL: https://www.shiba-inu-freunde.de/shiba-inu-hundeerziehung.html [ultima accesare 01.12.2020]Funk, Holger (2018): Origine ş i istorie. În: shibaclub.de. URL: https://www.shibaclub.de/der-shiba/24-herkunft-geschichte.html [ultima accesare 01.12.2020]

Menne, Silke (n. d.): Shiba Inu. În: tierchenwelt.de. URL: https://www.tierchenwelt.de/haustiere/haustier-hund/2559-shiba-inu.html [accesat ultima dată la 01.12.2020].

Meyer, Christoph (2020): Shiba Inu puppies. În: welpenknigge.de. URL: https://welpenknigge.de/rassen/shiba-inu-welpen/ [ultima accesare: 30.11.2020].

MH Online Media GmbH (2020): Profilul lui Shiba Inu. În: mein-haustier.de. URL: https://www.mein-haustier.de/hunderassen/shiba-inu/ [accesat ultima dată la 01.12.2020].

Oberberg-Online Informationssysteme GmbH (n. d.): Shiba Inu. În: tierfreund.de. URL: https://www.tierfreund.de/shiba-inu/ [ultima accesare: 30.11.2020].

Quinta Digital GmbH (2020): Portret de rasă Shiba Inu. În: haustiermagazin.com. URL: https://www.haustiermagazin.com/hunderassen/shiba-inu/ [ultima accesare: 30.11.2020].

tierchenwelt.de (2019): Este un Shiba Inu câinele potrivit pentru mine? 14 fapte despre Shiba Inus!. În: youtube.com. URL: https://www.youtube.com/watch?v=Pj81CnsN_UE [ultima accesare: 30.11.2020].

Jung, Christoph (2017): Portretul rasei Shiba Inu. În: zooroyal.de. URL: https://www.zooroyal.de/magazin/hunde/shiba-inu-im-rasseportrait/ [accesat ultima dată la 01.12.2020].

Asociaț ia Cinofililor cu certificare academică (2014): Ce se înț elege prin termenul de cynologie?. În: kynologie.at. URL: https://www.kynologie.at/was-ist-kynologie.html [accesat ultima dată la 30.11.2020].

Schönemann, Heiko (2020): Termeni tehnici în jurul câinelui. În: hundeinfos.de. URL: https://www.hundeinfos.de/index.php?status=tippsundtricks&sub=&id=13&s=2 [accesat ultima dată la 01.12.2020].

futalis GmbH (n. d.): Shiba Inu - Caracteristicile rasei. În: futalis.de. URL: https://futalis.de/hunderatgeber/hunderassen/mittelgrosse-hunde/shiba-inu/rassemerkmale [ultima accesare: 30.11.2020].

Paschoud, J.-M. (2018): Shiba. În: fci.be. URL: http://www.fci.be/Nomenclature/Standards/257g05-de.pdf [accesat ultima dată la 01.12.2020].

De Clercq, Y. (n.red.): FCI Breed Nomenclature: SHIBA. În: fci.be. URL: http://www.fci.be/de/nomenclature/SHIBA-257.html [ultima accesare: 30.11.2020].

mydog365 GmbH (n. d.): Shiba Inu puppies. În: welpen-liebe.de. URL: https://www.welpen-liebe.de/rassen/shiba-inu-welpen/ [ultima accesare: 30.11.2020].

Meyer, Christoph (2020): Ș coala de căț ei. În: welpenknigge.de. URL: https://welpenknigge.de/erziehung/welpenschule/ [ultima accesare: 30.11.2020].

Miesl, Steffi (2020): Nutriț ia unui Akita / Shiba. În: akita-inu-puppies.com. URL: https://www.akita-inu-welpen.com/index.php?id=100 [ultima accesare: 30.11.2020].

SEITZ HEIMTIERNAHRUNG GmbH & Co. KG (2019): BARFEN für Anfänger - So geht's. În: seitz-barf.de. URL: https://seitz-barf.de/barfen-fuer-anfanger/ [accesat ultima dată la 01.12.2020].

SEITZ HEIMTIERNAHRUNG GmbH & Co. KG (2019): Calculator de furaje. În: seitz-barf.de. URL: https://seitz-barf.de/futterrechner/ [accesat ultima dată la 01.12.2020].

Foerster, M./Reukewitz, F. (n.red.): Cea mai bună hrană pentru căț eluș i Shiba Inu. În: shiba-inu-freunde.de. URL: https://www.shiba-inu-freunde.de/shiba-inu-welpen-futter [ultima accesare 01.12.2020].

Hammerschmidt, Dominik (n. d.): Shiba Inu. În: hunde-info.de. URL: https://www.hunde-info.de/hunderasse-shiba-inu-253.html [ultima accesare 01.12.2020].

Koch, Daniel (2020): Luxaț ia rotuliană la câini. În: hundeherz.ch. URL: https://www.hundeherz.ch/fachbeitrag/patellaluxation-beim-hund [ultima accesare 01.12.2020].

MERA Tiernahrung GmbH (2020): Displazia articulaț iilor ș oldului la câini. În: merapetfood.com. URL: https://www.mera-petfood.com/de/hund/ratgeber/hueftgelenksdysplasie/ [ultima accesare 01.12.2020].

Milton Keynes UK
Ingram Content Group UK Ltd.
UKHW021813010124
435297UK00016B/940